Abuso Invisible

Descubre instantáneamente las tácticas ocultas de engaño y manipulación de los narcisistas.

Kara Lawrence

I0092419

© Copyright 2019 – Todos los derechos reservados.

No es legal reproducir, duplicar o transmitir cualquier parte de este documento por medios electrónicos o en formato impreso. La grabación de esta publicación está estrictamente prohibida y no se permite el almacenamiento de este documento a menos que se cuente con el permiso por escrito de la editorial, excepto para el uso de citas breves en la reseña de un libro

Also by Kara Lawrence

Toxic Magnetism - How and Why Empaths attract Narcissists: The Survival, Recovery, and Boundaries Guide for Highly Sensitive People Healing from Narcissism and Narcissistic Relationship Abuse

Empath Awakening - How to Stop Absorbing Pain, Stress, and Negative Energy From Others and Start Healing: A Beginner's Survival Guide for Highly Sensitive and Empathic People

Am I Codependent? And What Do I Do About it? - Relationship Codependence Recovery, How to Stop Controlling, Facing a Narcissist as an Empath or Highly Sensitive Person, and Setting Boundaries

Invisible Abuse - Instantly Spot the Covert Deception and Manipulation Tactics of Narcissists, Effortlessly Defend From and Disarm Them, and Effectively Recover: Deep Relationship Healing and Recovery

El Despertar Del Empático - Cómo Dejar de Absorber el Dolor, Estrés, Energía Negativa de Otros y Comenzar a Sanar: Una Guía de Supervivencia Para Principiantes Para Personas Altamente Sensibles

¿Soy Codependiente? Y ¿Qué Hago Al Respecto? - Recuperación de la Codependencia en Las Relaciones, Cómo Dejar

de Controlar, Enfrentarse a Un Narcisista Como Un Empáti-
co o Una Persona Muy Sensible
Abuso Invisible
Atracción Tóxica: Cómo y Por Qué Los Empáticos Atraen a
Los Narcisistas - La Guía de Supervivencia, Recuperación y
Límites Para Personas Altamente Sensibles Que Se Sanan del
Narcisismo

Tabla de Contenido

Introducción

Capítulo Uno: ¿Quién Es El Narcisista?

Capítulo Dos: ¿Estás Sufriendo del Síndrome del Abuso Narcisista?

Capítulo Tres: ¿Cómo Detectar a un Narcisista?

Capítulo Cuatro: Desarmar al Narcisista

Capítulo Cinco: Empáticos y Narcisistas

Capítulo Seis: ¿Es Mi Madre una Narcisista?

Capítulo Siete: Sin Contacto

Capítulo Ocho: Comenzar la Recuperación

Capítulo Nueve: Terapias Alternativas

Capítulo Diez: Aprender a Cambiar Patrones y Protegerte A Ti Mismo

Últimas Palabras

Referencias

Introducción

¿Te sientes sola o abandonada incluso cuando estás en una relación? ¿Te preocupa que tu pareja sólo te tolere? ¿Alguna vez has sentido que no eres lo suficientemente buena?

¿Alguna vez has sentido que la persona de la que te enamoraste no es la misma persona con la que estás hoy? ¿Adónde fueron el encanto y el carisma? ¿Estás en una relación en la que estás siendo controlada hasta en lo que llevas puesto o comes? De hecho, sientes que la relación se ha vuelto abusiva, pero tienes demasiado miedo de decir algo porque podrías ser castigada o ignorada.

Si te sientes así, podrías estar tratando con un narcisista.

¿Qué es un narcisista?

Un narcisista, o persona con Trastorno Narcisista de la Personalidad, es una persona que cae en el espectro de ser narcisista. Las personas con esta enfermedad mental tienen un sentido inflado de superioridad. Creen que son la persona más importante de la habitación; requieren mucha atención; carecen de empatía con otras personas; y exigen que la gente los trate como superiores a los demás. Además, las personas con Trastorno Narcisista de la Personalidad a menudo se vuelven abusivas hacia los demás y tratan de controlar a las personas que sienten que están por debajo de ellos.

Si sientes que siempre estás caminando sobre cáscaras de huevo alrededor de tu pareja, o tu pareja constantemente te menosprecia y te hace sentir que no lo mereces, puedes estar sufriendo del Síndrome del Abuso Narcisista.

Sin embargo, has dado el primer paso hacia la recuperación: buscar la verdad. Los narcisistas afirmarán su realidad sobre ti, nublando tu juicio de lo que es un comportamiento normal y saludable. El propósito de este libro es desenredar la telaraña que su influencia ha girado, darte una idea clara de la condición, y ofrecerte recomendaciones sobre cómo sanar del trauma y evitar que vuelva a suceder.

Hubo un tiempo en mi vida en el que siempre estaba tratando de probarme a mi madre narcisista y más tarde, una pareja que tenía las mismas características narcisistas que mi madre. Sufrí innecesariamente durante años, constantemente dudando de mí mismo y agotándome al poner mis esfuerzos para lograr una meta inalcanzable que el narcisista en mi vida estaba constantemente reescribiendo (aunque no lo sabía en ese momento).

Con el tiempo, el abuso se hizo más grave. Empecé a creer que era inferior a otras personas, en particular a mi compañero narcisista. Esto me sumió en una profunda depresión en la que perdí todas mis ganas de vivir. Estaba totalmente aislada de mis amigos y familia porque así era como mi compañero narcisista me controlaba. Todo lo que hacía estaba mal y hacía infeliz a mi pareja. Cuando estuve en mi punto más bajo, llamé a una línea de ayuda, y esto comenzó mi viaje de recuperación. Una vez que supe con lo que estaba lidiando, pude obtener la ayuda que necesitaba.

Con el conocimiento del Trastorno Narcisista de la Personalidad y algunas herramientas sencillas a mi alcance, pude identificar cuatro pasos para sanar del abuso narcisista:

1. Identifica el problema - sugerencia: ¡NO es tu culpa!

2. Separarte del individuo abusivo - esto puede ser difícil, pero este libro ofrece consejos para ayudar.

3. Sanar el trauma - repasaremos varias técnicas populares y algunas poco ortodoxas.

4. ¡Evita repetir el ciclo! Defiéndete en el futuro del mismo tipo de abuso una y otra vez.

A través de la implementación de este proceso, fui capaz de recuperarme completamente del trauma del abuso y buscar relaciones saludables y solidarias. En última instancia, encontré a mi pareja actual, alguien con quien puedo estar sin juzgarme ni cuestionarme.

Después de mi recuperación, empecé a estudiar esta enfermedad mental para poder ayudar a otras personas quienes estuvieran sufriendo abusos similares. Este libro es la culminación de mis investigaciones y experiencias personales con personas que sufren de Trastorno Narcisista de la Personalidad.

Cada día que permaneces en una relación con alguien que tiene un Trastorno Narcisista de la Personalidad es un día en el que estás en peligro de perderte a ti misma. El individuo abusivo, ya sea que lo sepa, te está vendiendo encubiertamente la idea de que no eres lo suficientemente buena; que eres el problema en la relación; y que las cosas serían mejores si sólo cambiaras.

Pero al comenzar tu viaje de recuperación, te has puesto en el camino hacia la libertad de los grilletes del abuso emocional narcisista. Ten la seguridad de que, con el conocimiento adecuado al alcance de tus manos, seguido de las acciones apropiadas, también puedes recuperarte completamente y escapar de las relaciones abusivas.

La persona con el Trastorno Narcisista de la Personalidad ya no podrá abusar de ti emocional o psicológicamente; reconocerás las señales de manipulación y sabrás cómo quitarles ese poder. Al entender lo que es el Trastorno Narcisista de la Personalidad, serás capaz de dar un paso adelante y controlar tu propia vida.

El primer paso hacia un nuevo, más saludable, más seguro de ti misma implica armarse con el conocimiento recopilado para ti en las siguientes páginas. Pero igualmente importantes son las acciones que debes seguir, que también se describen a continuación.

Cuanto más sepas sobre el Trastorno Narcisista de la Personalidad, más pronto serás capaz de comenzar tu recuperación. En este libro, encontrarás el conocimiento que te liberará. No tengas miedo de cambiar tu vida para mejor. ¡Respira profundamente y sumérgete de lleno!

Capítulo Uno: ¿Quién Es El Narcisista?

Después de años de buscar a El Correcto, finalmente encontraste a alguien que conecta contigo. Es guapo, inteligente y parece que le gustas mucho. Tienes un torbellino de cortejos; nunca antes te habían tratado tan bien. Antes de que te des cuenta, son pareja, y todos tus sueños se han hecho realidad: has encontrado tu amor perfecto.

Esto suena como el comienzo de un cuento de hadas, la mujer solitaria encuentra al hombre perfecto. Pero, aunque hayas empezado como un cuento de hadas, no termina como uno. De la nada, la persona de la que te enamoraste empieza a humillarte. Te hace sentir culpable por cosas que no hiciste. Hace alarde de su inteligencia y te hace sentir tonta. Deja de actuar como un ignorante, dice. Dejas de ir a las reuniones de Mensa por miedo a ser humillada.

Anoche, dijo algunas cosas que te hicieron cuestionar su inteligencia. Silenciosamente, empiezas a sospechar que no es muy inteligente, aunque parece pensar que lo es. Te dice todos los días que no eres digna de alguien tan importante como él. Deberías sentirte afortunada de que aún esté dispuesto a estar contigo. El sábado por la noche, en la fiesta, te lleva a un lado mientras estabas hablando con Jimmy. Sigue el programa, él ve en silencio.

Jimmy es ingenioso, y echas de menos eso en un compañero. De camino a casa, cometes el error de decir que disfrutaste de la fiesta. Mencionas que Jimmy era muy ingenioso e inteligente, y se enfurece, gritándote. ¡Deberías adorarlo a *él* y a nadie más! Te abofetea cuando abres la boca para decir algo. Tu mejilla escose. Te has mordido la lengua, y estás sangrando.

A él no le importa.

Sigue conduciendo como si nada hubiera pasado. Dice que todos están celosos de él. La gente desea ser él. Vigila tu comportamiento, te advierte, porque hay docenas de mujeres que se mueren por estar con él.

Este escenario ha ocurrido a muchas mujeres. Se enamoran de un narcisista, y su vida se pone patas arriba. Su confianza se pierde y pierden la capacidad de alejarse. Estar en una relación con un narcisista es peor que una adicción. Es como estar en una casa de diversiones con espejos borrosos, pierdes tu sentido único de la realidad y caes en la del narcisista.

¿Estás en una relación como esta? ¿Estás enamorada de un narcisista?

Examinemos la definición de un narcisista.

El Narcisista

Un verdadero narcisista es una persona que piensa que es mejor que todos los demás en el planeta. Esta persona necesita que se le diga con frecuencia que es única y casi perfecta. Necesita ser admirado por todas sus cualidades, ya sean reales o imaginarias. Cuando algo te sucede, él no conecta con tu situación y no puede sentir empatía contigo. Herirá tus sentimientos un millón de veces y nunca le importará. Si su perro muere, no le afectará en absoluto. Nunca se ve un ápice de sentimiento. Si esto suena como tu pareja, lamento decir que estás involucrada con un narcisista.

La persona con la que estás es un caso típico de narcisismo. Tiene un "patrón dominante de grandiosidad" (American Psychiatric Association, 2013); necesita ser admirado en todo lo que hace; y tiene una absoluta falta de empatía.

Podrías estar en negación sobre el narcisista en tu vida, así que quiero ayudarte a entender esta enfermedad y pensar en separarse. Irse será difícil, pero se puede hacer, y cuanto más sepas, mejor equipada estarás cuando llegue ese momento. Por lo tanto, empezaremos desde el principio y aprenderemos exactamente lo que es una personalidad narcisista.

¿Qué Es Un Narcisista Manifiesto?

El narcisista manifiesto es una persona que es abierta sobre el narcisismo. No hay nada ambiguo en este tipo de personas; se destaca entre la multitud. El narcisista manifiesto es una persona cuya vida gira en torno a la grandiosidad. Aunque al principio pueda parecer humilde, su humildad es un acto que esconde ambiciones intensas, comportamientos extravagantes y una creencia inquebrantable en su propia infalibilidad.

Si tienes una relación con el narcisista manifiesto, será superficial. Un narcisista manifiesto busca tu atención total pero no está satisfecho cuando la recibe. Es encantador, pero secretamente inseguro, y por lo tanto siempre preocupado por las apariencias. Si bien es posible que haga un gran espectáculo sobre la falta de respeto por el dinero, en el fondo anhela la riqueza y la superioridad. Tiene una moral cuestionable y exagera la modestia. No se puede criticar a un narcisista manifiesto sin que él responda.

Puedes estar impresionada con la arrogancia de un narcisista manifiesto, pero no recurre a sus conocimientos de la forma habitual. Los narcisistas manifiestos toman atajos para aprender sobre las cosas. Son muy testarudos, decididos, y esperan que otros crean como ellos. Lo más importante es que un narcisista abierto no puede identificarse con los demás. En resumen, los narcisistas abiertos tienen una percepción egocéntrica de la realidad (Phatack, 2018).

¿Qué Es Un Narcisista Encubierto?

Un narcisista encubierto es una persona que oculta su narcisismo. No puedes verlo venir como si fueras un narcisista manifiesto. El narcisista encubierto no tiene rumbo; su interés en las cosas superficiales y aficionadas. Parece conocedor, pero cuando se trata de los puntos más delicados de un tema, no tiene ni idea.

Cuando conoces al narcisista encubierto por primera vez, parece tímido, sin confianza en sí mismo y lleno de dudas. Hasta puede que lo encuentres dulce. Pero a medida que se desarrolla tu relación con él, te das cuenta de que vive en un mundo propio al que no tienes acceso. El narcisista encubierto es egoísta, y aunque ambos son pareja, él se preocupa demasiado por sí mismo como para prestar atención a tus necesidades.

Verás, el narcisista encubierto ansía poder y gloria. Envidia a los demás por sus posesiones, relaciones y talentos y enmascara su inseguridad y sus celos con una defensa propia demasiado entusiasta. No te atrevas a aplicar ninguna crítica porque incluso un largo suspiro provocará al narcisista encubierto. El narcisista encubierto sólo confía en sí mismo. Cualquier pregunta, sin importar la intención, es un ataque a su autoestima, y el narcisista encubierto cambiará su realidad como respuesta a tu ataque imaginario (Phatak, 2018).

No hay manera de que puedas entender a una persona como el narcisista, quien es gobernado por sus propios problemas de querer poseer poder, prestigio y adecuación personal (Kartha, 2018). Este libro hablará del narcisista encubierto.

¿Qué Es El NPD?

La gente lanza la etiqueta de narcisista indiscriminadamente en la sociedad actual. Si alguien toma demasiadas selfies, pensamos para nosotros mismos, *Qué narcisista*. Si alguien se admira a sí mismo en exceso, lo etiquetamos de narcisista. Sin embargo, un verdadero narcisista tiene una enfermedad mental y cumple con distintos criterios.

El Trastorno Narcisista de la Personalidad (NPD, por sus siglas en inglés) es una condición mental en la cual una persona tiene un sentido excesivo de sí misma; una profunda necesidad de atención y admiración; no tiene empatía por nadie más; y relaciones problemáticas (Kassel, 2019).

No existe una prueba en blanco y negro para determinar si alguien tiene NPD. De hecho, al describir el trastorno, los psicólogos utilizan el término *espectro*, lo que indica que el trastorno consiste en una serie de afecciones relacionadas entre sí. Alguien en el extremo inferior del espectro puede no parecer un narcisista, mientras que alguien en el extremo superior mostrará la mayoría, si no todas, las características de un narcisista. El espectro también indicará la intensidad de las características mostradas. Si un narcisista está en el extremo inferior del espectro, puede ser difícil para ti reconocer que es un narcisista. Podría, por ejemplo, parecer que tiene derecho, pero sólo ocasionalmente. Sin embargo, si el narcisista está en el extremo superior del espectro, será muy intenso, podrás ver fácilmente su sentido de privilegio.

De acuerdo con el Manual de Diagnóstico y Estadística de los Trastornos Mentales (DSM-5, por sus siglas en inglés), actualmente hay cinco características de las personas con NPD. Lo más importante son los criterios relacionados con el funcionamiento de la personalidad y cualquier rasgo patológico como se indica a continuación. Una persona con NPD tendrá:

A. Deterioros significativos en el funcionamiento de la personalidad manifestados por ambos:

1. Deficiencias en el auto funcionamiento (a o b):

a. *Identidad*: Referencias excesivas a otros para la autodefinición y la regulación de la autoestima; la autoevaluación exagerada puede ser excesivo o reducido, o vacilar entre extremos; la regulación emocional refleja las fluctuaciones de la autoestima.

b. *Autodirección*: El establecimiento de metas se basa en obtener la aprobación de los demás; los estándares personales son irrazonablemente altos para verse a uno mismo como excepcional, o demasiado bajos basados en un sentido de derecho; a menudo sin darse cuenta de las propias motivaciones.

2. Deterioros en el funcionamiento interpersonal (a o b):

a. *Empatía*: Deterioro de la capacidad de reconocer o identificarse con los sentimientos y necesidades de los demás; sintonía excesiva con las reacciones de los demás, pero sólo si se percibe como relevante para sí mismo; sobreestimación o subestimación de los propios efectos en los demás.

b. *Intimidad:* Las relaciones son en gran medida superficiales y existen para servir a la regulación de la autoestima; la mutualidad se ve limitada por el poco interés genuino en las experiencias de los demás y el predominio de la necesidad de obtener beneficios personales

B. Rasgos de personalidad patológica en el siguiente dominio:

1. Antagonismo, caracterizado por:

a. *Grandiosidad*: Sentimientos de derecho, ya sea manifiesto o encubierto; egocentrismo; aferrarse firmemente a la creencia de que uno es mejor que los demás; condescendencia hacia los demás

b. *Búsqueda de Atención*: Intentos excesivos de atraer y ser el centro de atención de otros; búsqueda de admiración (American Psychiatric Association, 2013)

Además, "las deficiencias en el funcionamiento de la personalidad y la expresión de los rasgos de personalidad del individuo son relativamente estables a lo largo del tiempo y coherentes en todas las situaciones; las deficiencias en el funcionamiento de la personalidad y la expresión de los rasgos de personalidad del individuo no se entienden mejor como normativas para la etapa de desarrollo del individuo o el entorno sociocultural; las deficiencias en el funcionamiento de la personalidad y la expresión de los rasgos de personalidad del indi-

viduo no se deben únicamente a los efectos fisiológicos direc-
tos de una sustancia (p. ej., abuso de una droga, medicamento) o una condición médica general (por ejemplo, traumatismo
craneal grave)" (American Psychiatric Association, 2013).

Las personas con NPD también pueden tener tendencias
hacia lo siguiente, aunque éstas ya no son reconocidas por la
American Psychiatric Association (APA) como criterios ofi-
ciales para el diagnóstico:

1. Un grandioso sentido de auto importancia excesiva
   referencia a los demás para la autodefinición y la
   regulación de la autoestima
2. Preocupación por las fantasías de éxito ilimitado,
   poder, brillantez, belleza o amor ideal
3. Creencia de que son especiales y únicos y que sólo
   pueden ser entendidos por, o deberían asociarse con,
   otras personas o instituciones especiales o de alto
   estatus
4. Necesidad de admiración excesiva
5. Sensación de derecho
6. Comportamiento explosivo interpersonal
7. Falta de empatía
8. Envidia de otros o la creencia de que otros los envidian
9. Una demostración de comportamientos o actitudes
   arrogantes y altivas (APA, 2000)

Es difícil para un individuo sin entrenamiento diagnosticar
a una persona con NPD, especialmente si estás en una relación
romántica con él o ella. Es más efectivo analizar tu relación para

ver si es saludable. Con el tiempo, es posible que empieces a ver un comportamiento que envía una señal de alerta.

¿Qué Es Un Sociópata?

En un esfuerzo por entender el NPD, veamos lo que no es el NPD y examinemos las conductas sociopáticas y psicóticas. Un sociópata es una persona diagnosticada con trastorno de personalidad antisocial (TPA). Las personas con TPA no entienden los sentimientos de los demás y tienden a romper las reglas o a tomar decisiones impulsivas sin sentirse culpables por ello. La mayoría de las veces, un sociópata será carismático y encantador (Jewell, 2018).

El DSM-5 enumera los rasgos que una persona con TPA puede presentar. Para ser diagnosticado con TPA, una persona mayor de 18 años debe presentarse:

A. Deterioros significativos en el funcionamiento de la personalidad manifestados por:

1. Deficiencias en el auto funcionamiento (a o b):

a. *Identidad*: Ego-centrismo; autoestima derivada del beneficio personal, el poder o el placer.

b. *Autodirección*: Establecimiento de metas basado en la gratificación personal; ausencia de estándares internos prosociales asociados con la falta de conformidad con el comportamiento ético legal o culturalmente normativo.

2. Deterioros en el funcionamiento interpersonal (a o b):

a. *Empatía*: Falta de preocupación por los sentimientos, necesidades o sufrimiento de otros; falta de remordimiento después de herir o maltratar a otro.

b. *Intimidad*: Incapacidad para establecer relaciones íntimas mutuas, ya que el aprovechamiento es un medio primordial de relacionarse con los demás, incluso mediante el engaño y la coerción; el uso de la dominación o la intimidación para controlar a los demás.

B. Rasgos de personalidad patológica en los siguientes ámbitos:

1. Antagonismo, caracterizado por:

a. *Manipulatividad*: Uso frecuente de subterfugios para influenciar o controlar a otros; uso de la seducción, el encanto, la simplicidad o el congraciamiento para lograr los propios fines.

b. *Engaño*: Deshonestidad y fraude; tergiversación de sí mismo; embellecimiento o fabricación cuando se relacionan eventos.

c. *Insensibilidad*: Falta de preocupación por los sentimientos o problemas de los demás; falta de culpa o remordimiento por los efectos negativos o dañinos de las acciones de uno sobre los demás; agresión; sadismo.

d. *Hostilidad*: Sentimientos de enojo persistentes o frecuentes; enojo o irritabilidad en respuesta a faltas de respeto e insultos menores; comportamiento mezquino, desagradable o vengativo.

2. Desinhibición, caracterizada por:

a. *Irresponsabilidad*: Desconocimiento y falta de cumplimiento de obligaciones o compromisos financieros y de otro tipo; falta de respeto y de cumplimiento de los acuerdos y promesas.

b. *Impulsividad*: Actuar de improviso en respuesta a estímulos inmediatos; actuar de forma momentánea sin un plan o consideración de los resultados; dificultad para establecer y seguir planes.

c. *Toma Riesgos*: Participación en actividades peligrosas, arriesgadas y potencialmente autodestructivas, innecesariamente y sin tener en cuenta las consecuencias; propensión al aburrimiento e inicio irreflexivo de actividades para contrarrestar el aburrimiento; falta de preocupación por las propias limitaciones y negación de la realidad del peligro personal (APA, 2013)

Al igual que con otros trastornos de la personalidad, cualquier impedimento debe ser consistente, no normativo para la etapa de la vida y el ambiente del individuo, y no el único resultado de cualquier abuso de sustancias o condiciones médicas (APA, 2013).

Hay otros rasgos de TPA: no mostrar emociones, ser manipulador, y tener un sentido de superioridad y opiniones fuertes e inquebrantables. Las personas con TPA no aprenden de sus errores y no desarrollan amistades o relaciones positivas. Les gusta tomar el control intimidando y amenazando a la gente, y son propensos a usar juegos mentales para obtener este control. Además, las personas con TPA tienen la posibilidad de realizar actos delictivos frecuentes, tomar riesgos, amenazar con suicidarse y desarrollar una adicción a las drogas u otras sustancias prohibidas.

Una persona con TPA puede ser diagnosticada tan pronto como a los 15 años de edad si muestra los siguientes síntomas:

- Infringiendo las reglas sin tener en cuenta las consecuencias

- Destruyendo innecesariamente cosas que les pertenecen a ellos mismos o a otros

- Robando

- Mentir o engañar constantemente a otros

- ser agresivo con los demás o con los animales (Jewell, 2018)

Al determinar si estás involucrado con un narcisista, es importante entender lo que es un sociópata, ya que las dos condiciones son a menudo confusas.

¿Cuál Es La Diferencia Entre Un Sociópata Y Un Psicópata?

¿Hay alguna diferencia entre un sociópata y un psicópata? La verdad es que ambos trastornos se refieren a personas con TPA, y ambos trastornos pueden ser genéticos o aprendidos. En lugar de encontrar diferencias clínicas entre las dos afecciones, las personas las distinguen por la gravedad de los síntomas.

Se cree que un sociópata es menos peligroso que un psicópata. El sociópata no interrumpe significativamente la vida de otras personas. Un psicópata, por otro lado, es considerado muy peligroso. Sin embargo, como se mencionó anteriormente, tanto los sociópatas como los psicópatas muestran un comportamiento sintomático que se ajusta al perfil del TPA.

La Diferencia Entre TPA Y NPD

La cualidad distintiva entre una persona con TPA y una con NPD es que una persona con NPD basa su vida en el juicio imaginario de otros. Puede que no tenga ninguna empatía, similar a la de un psicópata o sociópata, pero reacciona a lo que la gente siente por él. Una persona con NPD encaja en la sociedad, mientras que un psicópata o sociópata no y probablemente ni siquiera le importe hacerlo.

Una persona con NPD rara vez, o nunca, muestra un comportamiento agresivo o agravado. No es conocido por meterse en peleas o tener un poderoso deseo de herir a la gente. El narcisista tiene una intensa necesidad de atención y admiración. Puede que sea controlador, pero sólo en privad, es socialmente consciente. La persona con NPD se siente especial para la sociedad y busca a otros individuos superiores. Puede que nunca encuentre a esa persona como su sentido de sí mismo es exagerado, pero, sin embargo, él hará saber que pertenece a una categoría especial de personas superiores.

Una persona con TPA, por otro lado, actuará y hará lo que le plazca sin importar lo perjudicial que sea su comportamiento para los demás. Si es controlador en privado, también lo será en público. La persona con TPA no se preocupa por las normas sociales o los límites.

Aunque el TPA y el NPD se caracterizan por la falta de empatía hacia los demás, son dos trastornos mentales distintos.

Resumen del Capítulo

- Hay dos tipos de narcisistas: manifiestos y encubiertos

- Un narcisista encubierto esconde su narcisismo cuando entra en una relación

- Las personas con TPA son diferentes a las personas con NPD

En el siguiente capítulo, aprenderás sobre las señales de estar en una relación con un narcisista encubierto.

Capítulo Dos: ¿Estás Sufriendo del Síndrome del Abuso Narcisista?

Es un mundo duro si buscas una relación. Los medios sociales y las aplicaciones para citas son el centro de nuestras vidas, pero aun así es difícil conocer extraños y bajar la guardia. ¿Cómo sabes que ella es de fiar? Sus vecinos juran que es una buena persona, pero ¿puedes confiar en ellos?

Lo ideal es que conozcas a alguien a través de tu familia o de tu red de amigos que haya sido avalado. Es amigo de tu primo, así que tiene que ser una buena persona, ¿no? Sin embargo, ser avalado no siempre es una garantía de que la persona será buena contigo. De hecho, es posible que te encuentres con una persona cuyo sentido de la realidad está deformado y distorsionado, mientras que por fuera parece afable y generoso. Podrías encontrar un narcisista encubierto.

Al principio de una relación con un narcisista encubierto, las cosas pueden parecer un sueño. Te tratan como a una princesa. Pero eventualmente, el reloj de medianoche toca el timbre; tu carro se convierte de nuevo en una calabaza, y tu zapatilla de cristal se rompe. La persona de la que te has enamorado se ha convertido en tu abusador en lugar de tu amante.

Te das cuenta de que ya no tienes un sentido agudo de ti mismo. Tu confianza en ti mismo ha disminuido hasta el punto de que no te reconoces. Te esfuerzas por romper antes de que las cosas empeoren, pero eres "aspirado", atraído de vuelta a la relación por un amante con lágrimas de cocodrilo que atraviesan tu corazón. Pero después de unos días, tu amante vuelve a sus viejos trucos.

Abuso Narcisista

El síndrome del abuso narcisista es una forma grave de abuso que puede ocurrir cuando estás en una relación con una persona que tiene trastorno de personalidad narcisista (NPD, por sus siglas en inglés), una relación que va de la felicidad a la violencia psicológica en un instante.

Una persona que tiene NPD encubierta se mueve en su vida de una manera tan sigilosa que no tienes ninguna advertencia antes de encontrarte en el lado receptor del abuso verbal y emocional. Tu pareja se proyecta a sí mismo y sus debilidades tóxicas sobre ti. Te bloquea y te sabotea, y concibe campañas de desprestigio que aniquilan tu dignidad.

Mientras tu pareja te socava, todo lo que ves en tu extremo es una persona fría y con derecho que carece de empatía y conciencia de cómo te lastimó. La persona con NPD encubierta sólo puede pensar en sí misma. Nunca considera la posibilidad de que él sea la causa de tu abrumadora infelicidad. Así es como se ve el Abuso Narcisista.

Las Múltiples Facetas del Abuso

El rasgo más sorprendente del Síndrome del Abuso Narcisista es que mientras está sucediendo, no lo reconoces como abuso. La persona con NPD es muy hábil para tergiversar la realidad por sus propios medios: después de una terrible pelea, a tu pareja de NPD le encanta bombardearte, y tú la perdonas y piensas que tal vez estás actuando como una tonta. Te sientes culpable porque la persona de NPD te hace creer que todo fue tu culpa. Se presenta a sí misma como perfecta e incapaz de hacer algo tan bajo como el abuso. Tú eres la que exageró y comenzó la pelea.

Sin embargo, después de meses de peleas y situaciones como la anterior, te das cuenta de que estás sufriendo de síntomas de TEPT (Trastorno de estrés postraumático). Encuentras que estás severamente deprimida; tienes ansiedad; sientes una sensación de vergüenza tóxica; y tienes recuerdos recurrentes emocionales que te hacen sentir abrumada, indefensa e indigna. Los ataques siguen ocurriendo día tras día, cada vez empeorando . Te das cuenta de que estás en un ciclo de abuso con tu pareja y te enfrentas a ella al respecto.

Cuando te enfrentas a ella, te devuelve el abuso. Cada vez que señalas su comportamiento, explota y tergiversa todo, diciendo que tú eres el que abusa de ella. La situación es obra tuya, no de ella.

Si sientes que estás en una relación abusiva con una persona que tiene NPD, pero no estás segura, considera los siguientes signos del Síndrome del Abuso Narcisista y si alguno de los escenarios descritos resulta familiar.

Signos del Síndrome del Abuso Narcisista

Separación y disociación

En medio de un episodio con tu pareja, ¿sientes la necesidad de separarte o disociarte de lo que está sucediendo? Si es así, esto es una señal de que algo va realmente mal en tu relación. ¿Experimentas una pérdida de memoria o inconsciencia? ¿Te sientes separada de tu sentido de identidad?

El problema es que estás pasando por una situación tan terrible que tu cerebro se aleja completamente de la realidad para protegerte. Tal método de afrontamiento es un terreno malsana y fértil para el abuso de sustancias u otras actividades malsanas.

Actuar Cautelosamente

¿Pasas tus días pensando en formas preventivas para evitar su enojo o preocupación sobre cuándo o qué lo hará atacar de nuevo? Tal vez intentes quedarte callada o aceptar las normas imposibles que él ha establecido para ti. Podrías estar ansiosa todo el tiempo, ya sea que él esté contigo o no. Cuando estás en el mundo sin tu abusador, ¿te das cuenta de que has perdido tu capacidad de ser firme o de seguir con tu rutina habitual?

¿Te derrumbas cuando estás cerca de alguien que tiene atributos similares a los de tu abusador?

Si te das cuenta de que ahora vives tu vida cautelosamente y tratando de no molestar a nadie, o de que detienes tus reacciones y retienes tus respuestas porque tu abusador se molestará y arremeterá contra ti si lo haces, entonces tu relación no es saludable. Hay una manera de salir de esto, y lo discutiremos en el Capítulo Siete.

Complacer al abusador

Cuando empezaste a salir con la narcisista, ¿quería ella ser parte de tu vida y conocer a tus amigos, compañeros de trabajo y familia, hasta que no lo hizo? Tal vez dijo que tus amigos la excluyeron, así que dejaste de verlos. A tu familia no le gusta, así que dejas de ir a almorzar los domingos.

Con el tiempo, tu principal objetivo se convirtió en complacer y satisfacer a tu novia narcisista. Dejas a un lado tus deseos, anhelos y necesidades para satisfacer los de ella, pensando que, al hacerlo, te sentirás contento y tu relación será pacífica. Pero el narcisista nunca está satisfecho.

No te desesperes; hay muchas cosas que puedes hacer para volver a encarrilar tu vida. El primer paso es reconocer que estás siendo abusado. A partir de ahí, se hace más fácil.

Príncipe Azul

Considera el siguiente escenario:

Eras tan feliz al principio. Tenías preocupaciones iniciales acerca de saltar demasiado rápido en una relación, pero haces esa preocupación a un lado y dejas que suceda. Tu narcisista te dijo que era especial, y que sólo alguien igualmente especial "tú" lo entenderías.

Entonces, las cosas cambiaron. Pero después de tus peleas, te hizo creer que todo estaría bien si actuabas de la manera en que él quería que actuaras. Si lo hicieras, las cosas volverían a ser como antes; los dos podrían ser felices de nuevo.

La verdad es que nunca serás suficiente para el narcisista. Nada de lo que hagas le agradará porque no puede ser complacido. Cuanto antes te des cuenta de esto, más fácil será al final.

Problemas de Confianza

Durante su relación, el narcisista te hizo creer que tus experiencias no son válidas. No sabes si puedes confiar en tu propio juicio.

Lo más difícil es estar abierto a recibir amistad o cualquier tipo de transacción con otra persona. Aquellos en quienes hubieras confiado antes te ponen nerviosa. Elegiste a la gente equivocada para dejar entrar en tu vida y pagaste el precio. Ahora, temes que todas las personas que conoces te lastimen como lo ha hecho tu compañero narcisista.

Esta ha sido la meta del narcisista. Recuerda, el primer paso es darse cuenta de lo que está sucediendo en tu vida. Sé valiente y reconoce lo que te está pasando.

Experimentar pensamientos suicidas

¿Cuándo fue la última vez que sentiste que podías salir de la relación traumática en la que te encuentras? ¿Sueñas con alejarte o sientes que no hay otra alternativa que suicidarse o hacerte daño para poder hacer frente a la situación?

Cuando te involucras con tu pareja narcisista, los argumentos son tan traumáticos que no puedes ver otra salida que no sea el suicidio. Comienzas a soñar con matarte, y este pensamiento o idea te hace sentir mejor. De hecho, son esos sueños los que los mantienen juntos.

Cuando tienes el coraje, a él le encanta bombardearte y esto sólo sirve para confundirte aún más. Tu mundo y tu realidad son tan retorcidos que no puedes ver ninguna forma normal de alejarte de esta relación, así que el suicidio parece ser la única salida. Es un hecho que las víctimas de violencia por parte de su pareja tienen el doble de probabilidades de intentar suicidarse varias veces. El suicidio es la forma en que un abusador narcisista comete un asesinato sin dejar rastro (McKeon, 2014).

Si te sientes suicida o tienes el deseo de hacerte daño, por favor habla con un profesional licenciado o con un trabajador en crisis para obtener apoyo.

Aislamiento

Tal vez te des cuenta de que tu relación no es saludable. Sabes que el comportamiento del narcisista es incorrecto, pero sientes que lo habilitas porque eres demasiado sumiso y débil. No quieres que tus seres queridos te vean en esta condición, así que te aíslas. Si es así, el narcisista te ha separado de tu grupo de apoyo: tus amigos y familiares.

Si bien hubo un tiempo en el que se exigían límites y un mejor tratamiento por parte del narcisista, ese tiempo ha pasado. Cada vez que hablabas, el narcisista te menospreciaba y decía que tú eras la razón del problema en el que te encontrabas. Ahora, es demasiado tarde.

Si estás en las sombras, es hora de que salgas. Hay ayuda disponible para traer de vuelta a la mujer segura de sí misma que una vez fuiste.

Autodestrucción

Otra señal de que estás en una relación malsana con un narcisista es cuando escuchas la voz del abusador en tu cabeza y crees todas las cosas negativas que dice sobre ti.

Tal vez una vez le dijiste tus metas futuras, pero él te dijo que nunca las lograrías. Ahora, te sientes inútil e indigna de cosas buenas; no crees que tienes lo que se necesita para hacer algo (Arabi, 2016).

Recuerda, el narcisista es encubierto y despiadado. Te manipulará y te derribará para que pueda parecer la mejor persona. Sin embargo, con la ayuda apropiada, puedes reconstruir tu fe en ti misma.

Miedo

El narcisista odia cuando su pareja logra una meta que los hace más exitosos que ellos. Si tu pareja te castiga por alcanzar tus metas o te roba el crédito por tus logros, entonces es probable que estés en una relación abusiva.

No debes asociar el éxito con el castigo. Tu pareja te lastima porque está celosa; tiene un sentido excesivo de superioridad, y tus acciones han desafiado esa visión del mundo.

Disonancia Cognitiva

Llega un momento en tu relación en el que experimentas una disonancia cognitiva porque la persona que dice que te ama te trata horriblemente. No puedes racionalizar esta situación, por lo que en su lugar minimizas lo que te está sucediendo. Es importante que lo que ha ocurrido no sea un gran problema. De hecho, empiezas a pensar que merecías el trato cruel y que provocaste al narcisista (Arabi, 2016).

Es importante que trates de reducir la disonancia cognitiva de las palabras y acciones de tu pareja. Mientras lees este libro, puedes empezar a entender las acciones del narcisista. No tienes la culpa de la forma en que te trata.

Resumen del Capítulo

- Un narcisista tratará de aislarte de tus amigos y familiares
- Estar en una relación con un narcisista es muy malsano
- No es tu culpa que el narcisista sea abusivo

En el siguiente capítulo, aprenderás algunos de los rasgos clave que exhibe un narcisista.

Capítulo Tres: ¿Cómo Detectar A Un Narcisista?

Puede ser difícil determinar si estás en una relación abusiva con un narcisista, pero hay varios tipos de comportamiento que indicarán si estás siendo abusada. En el capítulo anterior, discutimos algunas reacciones y comportamientos que puedes tener si estás en una relación abusiva. En este, discutiremos el comportamiento abusivo del narcisista y algunos escenarios donde se manifiesta.

La ofensiva de encanto

Si parece demasiado bueno para ser verdad, probablemente no lo sea. El narcisista, cuando te conozca por primera vez, puede perseguirte con determinación. Desde el principio, te dice lo especial que eres y que no hay nadie como tú. Te halaga y te llama raro y único. Incluso podría decir que fueron unidos por el destino.

El problema con un hombre así es que eventualmente, harás algo que lo decepcionará. Es inevitable porque sus estándares son muy altos. No sabrás lo que hiciste para decepcionarlo, y, de hecho, puede que ni siquiera haya una razón real para que esté decepcionado.

La verdad es que no hay atajos para una buena relación. El narcisista se mueve tan rápido porque no busca pareja, sino presa. Una vez que vea que eres empática o sensible, sabe que serás perfecta para el tipo de relación que tiene en mente y se moverá rápidamente para establecerla.

Siempre con razón

Nada es más narcisista que una persona que nunca se equivoca, en su opinión. Puedes simplemente ver a alguien con convicciones firmes que sabe lo que quiere y es decisiva para tomarlo. Pero el narcisista, más que ser firme y tomar el mando, siempre debe tener la razón, incluso cuando no la tiene. Señalas las fallas en su razonamiento o las veces que está equivocada sin rodeos, y ella desestima todo lo que tienes que decir.

Cuando pelees, ella no admitirá ninguna injusticia. Ni siquiera reconoce que existe un problema. No hay compromiso con un narcisista, especialmente uno que no cree que tuvo nada que ver con la situación. Si esta situación se produce una sola vez, hay motivos de preocupación, pero hay una cuestión más importante aquí: no sólo es siempre inocente, sino que además nunca es responsable de lo que ha ocurrido.

Eventualmente, podrías perder el control porque sigues molestándote por algo que ella ni siquiera reconoce. En tal situación, la narcisista, al no tener nunca la culpa, será condescendiente y te sugerirá que aprendas a controlar tus emociones.

Cuando finalmente hayas tenido suficiente, vete sin discutir. No malgastes tu aliento diciéndole nada al narcisista. Ella nunca se equivoca, y tú nunca tienes razón.

Demasiada atención

Cuando conociste al narcisista, no se cansaba de ti. Habías establecido límites y rutinas, pero no le importaban. El narcisista querrá toda tu atención todo el tiempo. Si están separados, te llamará y te enviará mensajes incesantemente. Si ignoras tu teléfono, intentará de llegar a ti a través de las redes sociales.

Como con otros aspectos del comportamiento del narcisista, tratará de convencerte de que sus ideas y métodos son los correctos. Tener contacto constante es natural si estás con alguien tan maravilloso como él. Deberías haberlo sabido.

La verdad, sin embargo, es que no respeta tu tiempo ni tus preferencias. No le importan tus necesidades. Él cree que tiene derecho a todo tu tiempo, no sólo al que quieres asignarle. Cuando tu "no" pareces una negociación, esto es una bandera roja (Arabi, 2016).

No tienes que aguantar que alguien se enoje contigo porque no respondiste a un mensaje. No hay necesidad de disculparse cuando envías una llamada al buzón de voz. El narcisista es una persona que no respeta tu derecho a tomar tus propias decisiones y a mantener tus límites o valores (Arabi, 2016).

¿Qué relación?

Imagina la siguiente situación.

Te reunirás con tu pareja para cenar en un restaurante. Cuando entras por la puerta, buscas a tu novio, pero no está en una mesa, está en el bar hablando con una mujer. Cierras los ojos y respiras profundo. Este no puede ser él. Entras unos pasos en el restaurante y entrecierras los ojos, no puede ser él. Y si es él, probablemente es una hermana o prima que quiere que conozcas.

Te quedas mirándolo fijamente, esperando que te vea y te salude, pero cuando se fija en ti, se da la vuelta y se acerca aún más a la mujer. Dar la vuelta y marcharse parece ser una buena opción, pero ya sabes lo furioso que estaría si lo hicieras. Será mejor que vayas con él.

Mientras caminas hacia el bar, sientes el ácido agitándose en tu estómago. Finalmente, llegas al bar y, con una gran sonrisa, pones tu mano sobre su hombro. Se da la vuelta y parece molesto. "¿Hola?" Te agachas para darle un beso como siempre, pero gira su rostro. No puedes creerlo. No es propio de él hacerte esto.

La mujer parece avergonzada y se disculpa. Sientes que tu rostro se vuelve rojo como el fuego.

Si esta situación o el comportamiento del hombre te suena familiar, puede ser porque tu pareja es un caso típico de narcisismo. Un narcisista siempre está buscando a alguien mejor, ya sea un restaurante, un bar o incluso un aeropuerto. Al mismo tiempo que te coloca en un pedestal, te tratará como un pensamiento secundario. De hecho, es probable que esté constantemente mirando a otras mujeres o sonriendo por encima de su hombro. Nunca se detiene.

No todos los hombres son así. El narcisista no tiene excusa para su comportamiento. Una persona que quiere estar contigo no seguirá buscando una mejor opción en la competencia. Incluso si estás en una cita casual, te mereces a alguien que quiera estar en tu compañía.

Sarcasmo y el tratamiento de silencio

Al principio, era juguetón. Era como si ustedes dos hablaran su propio idioma. Su sarcasmo te hacía reír. Hasta el día en que no lo hizo. No esperabas que esa frase te hiciera daño, pero lo hace. Piensas que tal vez lo malinterpretaste, pero tu instinto te dice que no fue una broma.

A medida que pasa el tiempo, más y más de sus comentarios sarcásticos comienzan a pincharte. Habla más alto y él lo negará todo. Y cuando no lo dejas ir, se enoja y no te habla.

El tratamiento del silencio dura más de lo que esperabas. Cuando comienza a hablarte de nuevo, te dice que cambies tus maneras ya que no están de acuerdo con lo que él quiere como novia o futura pareja. Utiliza palabras provocativas para describir en lo que quiere que te conviertas. Te asegura que el cambio es sólo para ti. ¿Quién podría soportar ser como eres, después de todo?

Una vez más, le pides que baje el tono, y otra vez te da el tratamiento del silencio. Te está castigando por tener un pensamiento que no está de acuerdo con su pensamiento o sus deseos. No puedes creerlo. Era tan amable, dulce y de buen carácter al principio. ¿Qué lo cambió?

Es difícil ver venir algo así. Recuerda que el narcisista encubierto opera en un nivel de sigilo. Se practica en no ser obvio.

Ser mejor que tú

Lo más importante en cualquier relación es el respeto. Si has decidido comprometerte con alguien, también estás diciendo que amas, o al menos te gustan, las cualidades y atributos que componen a esa persona. Los invitas a salir y pasas tiempo con ellos porque te gusta estar con ellos.

El narcisista no opera así. Cuanto más tiempo estén juntos, menos parece que le gustes. Te llama con nombres enmascarados como si fueras un encanto. Hace comentarios sarcásticos que hace como si fueran chistes. Desprecia tus logros en privado, y en público, te hace cumplidos.

Un narcisista no puede soportar que nadie sea mejor que él. Cualquier buena cualidad o logro encontrado en otras personas debe ser criticado, para que pueda hinchar su autoestima y mantener su superioridad.

Enloquecer mediante engaños

Has pasado meses conteniéndote porque no estabas seguro de qué hacer con tu relación con el narcisista. Has hecho una lista de todo lo desagradable que el narcisista te ha dicho, y razonar que, si te ama, te tomará en serio y se disculpará. Tienen la esperanza de que esta discusión los acerque como pareja.

Pero cuando te enfrentas a él, te da la vuelta. Puede que tengas una lista, dice, pero tiene un libro de todas las cosas que haces mal. Mencionas el sarcasmo, los insultos, los cumplidos, y él dice que has malinterpretado la situación. Estás exagerando.

Luego procede a contarte las cosas de su libro, y estas cosas son casi textuales de lo que le has dicho. No te lo puedes creer. Tratas de mantenerte en el punto y que reconozca las cosas de tu lista, pero se enfurece y te llama mezquino e infantil.

Esto es enloquecerte mediante engaños en su mejor momento. Es una situación de pérdida. Puede parecerte imposible, pero la mayoría de la gente puede manejar la crítica constructiva. Un narcisista no es la norma social.

No sentirse bien consigo mismo

Estos son sólo unos pocos rasgos clínicos que indican una señal de alerta cuando se trata de NPD; sin embargo, lo que realmente importa es cómo te sientes. Aquí hay algunos sentimientos que podrías estar teniendo:

- Ya no te sientes como tú mismo

- Estás ansioso por todo

- Has perdido la confianza en ti mismo.

- Te preocupa que te hayas vuelto demasiado sensible

- Crees que todo lo que haces está mal

- Te sientes responsable de todo lo que sale mal

- Siempre dices que lo sientes

- Sientes que algo anda mal en tu vida, pero no sabes lo que es.

- Cuestionas tus reacciones al narcisista

- Pones excusas a otras personas por el comportamiento del narcisista (Kassel, 2019)

Si sientes cualquiera de estas cosas, debes saber que, no hay nada malo en ti. Estás involucrado con una persona que tiene un sentido ostentoso de sí mismo y una necesidad de una cantidad irrazonable de admiración. No es tu culpa que esta persona tenga una preocupación y fantasía por el éxito ilimitado, el poder, la brillantez, la belleza y el amor ideal (Kassel, 2019).

El narcisista puede sentirse como un monstruo para ti en este momento. Pero no lo es. Es una persona como tú o como yo, pero con un sentido corrupto de la realidad. Es posible romper con su abuso y recuperar tu sensatez. Hablaremos más sobre esto en el Capítulo Siete.

Resumen del Capítulo
- Hay formas definidas de detectar a un narcisista
- Un narcisista siempre cree que es mejor que tú.
- A un narcisista le gusta hacerte sentir mal de ti mismo

En el siguiente capítulo, aprenderás técnicas para desarmar a un narcisista.

Capítulo Cuatro: Desarmar al Narcisista

Saber qué decirle a un narcisista te ayudará a reducir la comunicación hostil entre ambos. Es posible concentrarse en lo que dice y participar activamente en cualquier discusión acalorada. No tienes que ser una víctima. Puedes ser un igual en tus conversaciones con el narcisista.

A continuación, se presentan veinte pasos, en ningún orden en particular, para ayudarte a desarmar al narcisista y tener una mejor comunicación con él o ella. Algunos de estos pasos pueden parecer opuestos entre sí. A veces, te sentirás frustrado y querrás alejarte de la discusión; otras veces, serás capaz de enfrentarte al narcisista de una manera más segura y positiva. A medida que adquieras mayor control sobre la situación, te será más fácil discernir cuándo entablar relaciones con el narcisista y cuándo retroceder.

Paso #1: Durante una discusión acalorada con un narcisista, puedes cambiar su comunicación usando frases como: "Me siento _____ cuando dices _____."

El narcisista te bombardeará con declaraciones confusas para ponerte a la defensiva. Quiere convertir todo en culpa tuya. Cuando lance una declaración que cambie la realidad de la declaración, detenlo y dile que cuando dice ese tipo de cosas, te hace sentir de cierta manera. Sé específico sobre cómo te sientes. Puede que no le importen tus sentimientos, pero hacerlo te hará sentir mejor. Incluso puede cambiar el curso de la conversación al detener al narcisista y hacerle pensar en cómo recuperar el control de la conversación.

Paso #2: Puedes ser un oyente activo y decir cosas como, "¿Te he oído bien?" o, "Si te he entendido correctamente, has dicho..." Hacerlo valida al narcisista y le dice que lo estás escuchando.

Manténgase concentrado y preste atención a lo que el narcisista está diciendo. Haz al narcisista responsable de todo lo que diga. Al repetirle sus palabras, el narcisista tendrá que aclarar sus afirmaciones con hechos que lo más probable es que no tenga. No desafíes al narcisista, pero pídele con calma que aclare lo que te está diciendo. Al igual que con el primer paso, estas declaraciones ralentizarán la conversación y le demostrarán al narcisista que no dejarás que te intimide con palabras.

Paso #3: Puedes tomar tiempo fuera cuando están teniendo discusiones acaloradas. Sólo di: "Voy a tomarme un pequeño descanso, y podemos continuar con esto más tarde". Asegúrate de tomar un descanso después de esta declaración.

Cuando peleas con el narcisista, su objetivo es desquiciarte, en cuyo momento hará acusaciones salvajes y tratará de salirse con la suya con declaraciones escandalosas. Detén el impulso que el narcisista está construyendo y aléjate. No te hace débil si no luchas hasta el final. Alejarse de la conversación te dará un respiro de los argumentos del narcisista y a despejar tu mente. Definitivamente, regresarás más fuerte con algo de descanso y tiempo fuera de la discusión.

Paso #4: Despréndete de sentir que todo es tu culpa. No eres responsable de lo que el narcisista está diciendo o haciendo. Tú no eres la razón por la que se comporta como lo hace.

En una discusión, el narcisista realmente te atribuirá el hecho de que causaste la discusión o lo que sea que esté yendo mal en su relación. Si él está teniendo un mal día, cualquier cosa que haya pasado ese día va a ser tu culpa también. Ni siquiera pienses en aceptar ese argumento. Sé firme contigo mismo, y no creas nada de lo que te está diciendo, no importa cuánto trate de convencerte de que tú eres la razón por la que él es como es.

Paso #5: Dejar que las cosas se vayan. Que sienta lo que quiera y no te involucres en ello (Arabi, 2016).

La mayoría de las veces, no va a haber nada que puedas decirle a un narcisista para cambiar el curso de su actitud o estado de ánimo. Si está en un estado de agitación, deja que las cosas se vayan. Está bien quedarse sin palabras y no tener nada que decir al narcisista. Esto es importante, especialmente cuando no puedes físicamente alejarte y tomar un tiempo fuera. Encuentra una forma de mantener la calma y deja que el narcisista siga como siempre. Está bien no tener un argumento o una defensa para lo que él está tratando de poner en ti. Esto no te convierte en el perdedor; te convierte en la mejor persona.

Paso #6: No discutas con el narcisista. Desconéctalo o vete cuando empiece a despotricar y a delirar. No creas sus argumentos.

Deja claro al narcisista que no vas a discutir. Habrá momentos en que el narcisista discuta sobre cosas que son importantes para ti. Te hará sentir que debes defender tu carácter o la esencia misma de tu ser. Conoce las señales que indican que está tratando de provocar una discusión. No pelees con el narcisista por cosas inapropiadas sobre las que no se debe discutir. No sabe la diferencia entre una conversación civilizada y una discusión. Asegúrate de conocer esa diferencia y rehúsate a tener otra cosa que no sea una conversación civilizada en los momentos apropiados.

Paso #7: Mantente al tanto de todo: correos electrónicos, mensajes de texto, mensajes telefónicos, incluso discusiones. Cuantas más pruebas tengas, menos acusaciones te puede lanzar un narcisista. Ármate con la verdad cuando un narcisista te enfrente.

Es una pena que tengas que reunir pruebas, pero cuando estás en una relación con un narcisista, necesitas una defensa impenetrable. Mantén pruebas tangibles a mano para cuando trate de decir que hiciste o no hiciste algo. Existe una delgada línea entre desafiar al narcisista y probar que está equivocado; tu objetivo es hacer lo último presentando pruebas irrefutables de que el narcisista no puede descartarlo. Aprende el arte de defenderte de una manera civilizada, y mantén la calma y la realidad cuando presentes tus pruebas.

Paso #8: Cuando el narcisista te menosprecia o insulta, déjalo ir. No lo tomes en serio. Entiende que el narcisista te está degradando porque se siente inseguro. Detenlo en su camino confiando en que tú no eres las cosas de las que él te acusa.

Tratar e interactuar con el narcisista desde una posición de poder. Confía en que nada de lo que dice de ti es cierto. Prepárate para que el narcisista te culpe de sus insuficiencias; familiarízate con sus desprecios e insultos habituales. Aprende a reconocer las estrategias que usa para menospreciarte y saber que nada de lo que está diciendo es remotamente cierto. Cuando el narcisista vea que no te estás derrumbando ni luchando, es posible que se retire y pase a otro tema.

Paso #9: Trata de desbordar compasión y empatía, el narcisista tendrá que pensar dos veces sobre lo que está diciendo porque has cambiado de tema y se está conectando con sus sentimientos en lugar de huir de ellos.

Vea al narcisista por lo que es, una persona muy dañada y enferma. Tiene una enfermedad mental que tal vez nunca pueda entender o admitir que tiene. No estás tratando con una persona sana o razonable. No es lástima que se lo merezca, sino un entendimiento de que las cosas son difíciles para él. Su mundo es uno en el que siente que necesita luchar contra todos. Desarma al narcisista con amabilidad.

Paso #10: Ten confianza y siéntete bien contigo mismo. Hazle saber al narcisista que nada de lo que diga o haga te va a hundir.

Encuentra tu propia felicidad y llévate este sentimiento a dondequiera que vayas. Hazle saber al narcisista que nada de lo que haga te hundirá. Haz de tu mundo un lugar maravilloso en el que estar y construye líneas que el narcisista no pueda cruzar. Cuando estés cerca del narcisista, mantén la calma y, al igual que en el Paso 5, no reacciones cuando libere verbalmente sus agresiones. Fortalece tus emociones y sé fiel a ti mismo. El narcisista recibirá el mensaje claro de que eres feliz, y no podrá derribar tu lugar feliz.

Paso #11: Prepárate para lo que un narcisista podría decir durante una discusión o una conversación. Estar preparado quitará el golpe de sus estallidos.

Tu objetivo no es probar que el narcisista está equivocado. Tu objetivo es evitar que sus argumentos te derriben. Si sabes que debes cubrirte y defenderte cuando empiece a lanzar sus desprecios y argumentos, el narcisista no será capaz de hacer mucho daño real. Sabiendo de antemano que no vas a sucumbir a lo que dice de ti, llegarás muy lejos en la protección contra las ideas y pensamientos infames que se te van a lanzar.

Paso #12: No reacciones con miedo, ira o impaciencia. Mantente despejado en cuanto a lo que el narcisista te está diciendo. Di cosas como: "Eso es interesante. ¿Puedes ayudarme con más explicaciones sobre eso?" o, "¿Puedes por favor aclarar lo que me dijiste?" De esta manera, el narcisista recibirá la atención deseada y desarmará lo que está diciendo (Arabi, 2016).

Actuar fresco y estoico no es lo que el narcisista espera de ti. Quiere emociones dramáticas y explosivas. Al igual que con los Pasos #1 y #2, si tienes preguntas deliberadas y enfocadas acerca de los comentarios del narcisista, él tendrá que pensar dos veces acerca de lo que está diciendo. Cuando expresas interés en lo que el narcisista está diciendo, sus tácticas, acusaciones falsas y comentarios despectivos, se muestran ineficaces. Recuerda, el narcisista te menosprecia porque al hacerlo eleva su sentido de superioridad. Alimentar el narcisismo actuando con interés en lugar de desafiarlo es una propuesta difícil, pero actuar de esta manera te ayudará a largo plazo.

Paso #13: Establece límites emocionales cuando hables con un narcisista. No caigas en la trampa de querer hacerte sentir culpable o responsable de su comportamiento.

Las emociones se elevan cuando se discute con un narcisista. Establece límites emocionales y apégate a ellos. Enséñale al narcisista que no irás a los lugares que te molestan. Comienza con un límite y enséñaselo y luego continúa a partir de ahí construyendo sobre lo que le has enseñado. No lo desafíes, pero haz muy evidente que no vas a ir a los lugares que quiere llevarte.

Sea muy claro sobre los límites que pretende mantener en las peleas o discusiones con el narcisista.

Paso 14: No dejes que el narcisista controle la conversación. Entra ahí, participa activamente en ella y ten algún impacto en la dirección en la que se desarrolla la conversación.

El narcisista puede ser un experto en control, pero eso no significa que no puedas dirigir o mover la conversación a tu rincón del mundo. Cuando él dice algo, no tienes que ser provocativo, pero sí tienes que responder a lo que está diciendo y guiar la conversación. Dejar que el narcisista diga lo que quiera no va a ser bueno para ti. Haz que el narcisista se apropie de lo que dice. Presta atención y busca oportunidades en la conversación en las que puedas demostrar tu punto de vista. No tienes que gritar, sólo mantén la calma y sé un oyente activo. Haz preguntas con calma y no tengas miedo de las respuestas del narcisista.

Paso #15: Hacer que el narcisista sea responsable de lo que está diciendo. Haz preguntas tales como: "¿Qué te ayudó a tomar esa decisión?"; "¿Qué cosas consideraste al tomar esa decisión?"; o di: "Ayúdame a entender tu intención". Usa lenguaje intencionado y mantente enfocado en lo que el narcisista está diciendo.

El narcisista va a expresar pensamientos resbaladizos y a lanzarte falsas acusaciones. Él es todo sobre el juego de la culpa, y es muy bueno en ello. Pero puedes hacer que el narcisista se apropie de lo que dice siendo firme y haciéndole saber que estás escuchando atentamente sus palabras. En lugar de reaccionar con ira, pregúntale por qué está furioso. Interrumpe la conversación del narcisista con preguntas reflexivas. Responde a lo que dice pidiéndole que verifique las cosas. Él va a estar lanzando toda clase de juicios y culpando en tu dirección, haz que vuelva a estas teorías suyas. Enfócate como un láser en todos los temas que ofrece para mostrar. Puedes sentarte ahí y dejar que te azote con sus palabras, o puedes afirmarte en la conversación haciéndole saber que no se va a salir con retórica hostil que está diseñada para herirte y distraerte de lo que realmente está sucediendo.

Paso #16: Piensa en pensamientos placenteros cuando estés escuchando hablar al narcisista. No le temas a él ni a la conversación. Mantente positivo y trata de imaginar un resultado positivo de la conversación (aunque no la haya).

El narcisista te entrena para que le temas para que pueda ser dueño de lo que sientes. Cuenta con el proceso de que te vuelvas emocional y posteriormente no escuches lo que dice. Sorpréndelo siendo positivo. Piensa en el hecho de que tiene una enfermedad mental, y que tú no eres responsable de ello. Usa esa compasión para ponerte en paz con lo que está pasando. Puede que te esté culpando, pero eso es un síntoma de su condición, no el producto de nada de lo que hayas hecho. Cree que ya no puede herirte con sus palabras y que cuando termine con lo que sea que esté despotricando, harás algo positivo por ti mismo, como hacer un baño de burbujas o dar un agradable y tranquilo paseo.

Paso #17: Deja que el narcisista crea que eres una fuente de apoyo y reconocimiento en lugar de alguien siempre dispuesto a luchar contra él.

El narcisista es, en realidad, una persona perdida en sus propias emociones. Cuando te acerques al narcisista, asume el papel de alguien que es compasivo con su situación, pero no un saco de boxeo para ser abusado. Sé firme y deja en claro que mientras no estés de acuerdo con él o con lo que él está tratando de hacer que creas acerca de ti mismo, estás dispuesto a escucharlo. De esta manera, el narcisista no intensificará su tema y te azuzará en un frenesí de emociones.

Paso #18: Ajusta tu conversación de manera que puedas agregar frases positivas que cambien el tono de la conversación. Sé sincero en tus comentarios, aunque te sientas frustrado por lo que el narcisista está diciendo.

Decir cosas como "Lamento que te sientas así" o "Ya veo lo que quieres decir" no te va a costar nada; sin embargo, podrían cambiar el tono del discurso del narcisista. En vez de empujarte hacia el enojo, él puede calmarse lo suficiente como para dejar de hacer su objetivo principal el lastimarte.

Paso #19: Recuerda siempre que el narcisista no puede manejar la frustración o los desafíos. Quítale su poder y convierte estos obstáculos en oportunidades para ti y para el narcisista.

No tienes que enfrentarte al narcisista para tener un efecto en lo que está diciendo. No seas pasivo-agresivo tampoco. Sólo mantén la calma y concéntrate. Levanta tus paredes y mantente fuerte. Cuando el narcisista vea que no estás respondiendo a los golpes que te está dando, detendrá su discurso que induce al dolor.

Paso #20: Practicar la concientización todos los días

Viviendo en el presente y no en el futuro, serás capaz de manejar mejor las cosas que te están sucediendo. Si permaneces en el presente, el pasado y el futuro no te abrumarán. Haz de esto una rutina diaria para asegurarte de que estás viviendo en el presente.

Reflexiones Finales

No discutas desde el principio. Deja que el narcisista diga lo que necesita antes de responder de una manera clara y racional.

Establece límites emocionales y no permitas que el narcisista cruce esas líneas. Sé claro en lo que harás si los cruza, como alejarte de la conversación.

No tengas miedo de darte la vuelta y marcharte si es necesario.

Prepárate para que el narcisista tuerza tus palabras. Sé muy claro en lo que dices, y repítelo si es necesario. Aprende que el narcisista te acusará de mentir, ser injusto, juzgar u otras cosas peores. No le des la respuesta que quiere cuando te acusa de esas cosas. Mantente firmemente enfocado en el tema en cuestión.

Además de manejar tu mentalidad y tus emociones al interactuar con el narcisista, considera tomar medidas adicionales para expandir tu visión del mundo más allá de la relación. Tener interacciones regulares con la sociedad lejos de la influencia del narcisista te ayudará a ver a través de sus posibles maquinaciones.

Quita las cosas que el narcisista querrá usar para manipularte. Por ejemplo, ten tus propias finanzas para que no pueda manipularte con dinero o fondos. Mantén una factura de teléfono celular separada o ten tu propio automóvil para que el narcisista no pueda aislarte de tu red de apoyo.

Encuentra maneras de reforzar tu autoconfianza y autoestima. Involúcrate con personas que te animen y aprecien tu valor. Si tienes un fuerte sentido de identidad, el narcisista no podrá derribarte.

Todas estas cosas son difíciles de hacer, pero ten la confianza de que puedes hacerlas. Toma medidas para cambiar el control de la situación de las manos del narcisista a las tuyas, sin importar lo difícil que pueda parecer. Puedes cambiar tus circunstancias.

Resumen del Capítulo

- No desafíes a un narcisista porque se convertirá en un abusador.

- Poner límites que el narcisista no pueda cruzar

- No tengas miedo de alejarte de un narcisista que se está volviendo abusivo.

En el siguiente capítulo, aprenderás sobre empáticos y narcisistas.

Capítulo Cinco: Empáticos y Narcisistas

¿Qué sucede cuando pones a una persona con sentimientos profundos y altamente sensible en la misma habitación que un narcisista? Bueno, es amor a primera vista. Ante el narcisista se encuentra una persona que le dará toda la comprensión y admiración que tanto anhela. Esta persona, que es reflexiva y cariñosa, ve al encantador narcisista como alguien que necesita un defensor, alguien que realmente lo entienda. El narcisista observa que la empatía puede ser de utilidad para él, por lo que se calienta con ella y le envía un señuelo que ella no puede ignorar.

¿Qué Es Empatía?

Un empático es alguien muy sensible a las emociones que le rodean y que siente con más fuerza que la mayoría de las personas. Un empático no tiene los filtros que la mayoría de la gente tiene. Mientras que la mayoría de la gente puede filtrar las emociones a su alrededor y concentrarse en las cosas a mano, el empático siente todo. Los empáticos no pueden bloquear la estimulación porque tienen un sistema neurológico extremadamente reactivo (Orloff, 2018). En pocas palabras, los empáticos son "esponjas emocionales que absorben tanto el estrés como la alegría del mundo" (Orloff, 2018).

Aunque este libro no profundizará en los empáticos, si sientes que puedes ser una persona empática o altamente sensible, puedes aprender más sobre el tema en el otro libro de esta serie, "EMPATH AWAKENING", que contiene una gran cantidad de información sobre este tema.

Cualidades del NPD que Atrae a la Empatía

Un narcisista pasa su vida aprendiendo a manipular a la gente para obtener los resultados deseados. Desarrolla una conducta atractiva y practica su carisma en cada persona que conoce. Por lo tanto, cuando un empático se encuentra con un narcisista, ella puede ser bastante cautivada con su encanto e inteligencia. Al principio, un narcisista es atento y dulce. Cuando se encuentra con el empático, se siente orgulloso de estar con ella, y sus acciones y comportamiento hacen que la empatía sea aceptable.

Este es el comienzo de una relación condenada. El empático dará compasión y comprensión a una persona que no tiene corazón. Cualquier relación entre el empático y el narcisista será tóxica y terminará mal, si es que termina. El narcisista ve al empático como una persona que satisface todos sus deseos porque su naturaleza es diametralmente opuesta. El empático necesita nutrirse y entregarse a algo o a alguien, y el narcisista anhela comprensión y atención.

El empático disfruta con el encanto y la inteligencia del narcisista, y al principio, el narcisista puede responder de la misma manera y regresarlo al empático. Pero como con otros antes que ella, eventualmente llega un momento en que el empático hace algo para desagradar al narcisista, y él responde con frialdad. Además, castiga al empático y retiene las emociones que antes le daba sin esfuerzo.

El problema en la relación no recae en la empatía. Está con el narcisista que presentó un falso yo. No es una persona cariñosa, ni tiene empatía por los demás. De hecho, no tiene nada más que desprecio por los demás, y en esta relación, proyecta sus debilidades e inseguridades en la empatía.

Una Relación Engañosa

No es que el empático sea una persona débil o alguien que se deja engañar fácilmente. El narcisista, como se describe en el Capítulo Uno, es inteligente y bien entrenado para ocultar su verdadero yo. El narcisista quiere crear caos y sacudir las cosas, y este tipo de comportamiento molesta a la empatía amante de la paz. Pero en lugar de que sus instintos le digan que abandone la relación como la mayoría de la gente lo haría, el empático siente que su amor y devoción pueden ayudar al narcisista a convertirse en una mejor persona.

La verdad es que el narcisista nunca va a cambiar sus maneras, no importa cuánto apoyo y devoción le dé el empático. Con su condición, simplemente no es posible.

Vínculos No Saludables

La otra faceta de esta relación es que cuanto más abusa el narcisista de la empatía, más desarrolla un *vínculo traumático* con el narcisista. ¿Qué es un *vínculo traumático*? Un vínculo traumático es un tipo de vínculo entre dos personas en una relación abusiva caracterizada por ciclos continuos de abuso durante los cuales la recompensa y el castigo se refuerzan periódicamente. Este tipo de unión es muy difícil de romper.

El empático no tiene límites ni filtros, por lo que el narcisista se aprovecha, castigando sistemáticamente y lanzando el abuso sobre el empático. El empático, desafortunadamente, no se da cuenta de que no todas las personas están destinadas a estar en su vida. El empático no tiene las defensas que tendría una persona común y, como resultado, queda indefenso ante el comportamiento del narcisista. Aunque la relación se ha vuelto dolorosa, el empático cree que ella debe permanecer en la relación, no importa lo que le suceda. Ella siente que puede ser la persona que ayude al narcisista con un poco de crecimiento personal. Comienza a concentrarse en el potencial del comportamiento del narcisista en lugar de en la realidad de la personalidad del narcisista (Dogson, 2018).

Examinemos al narcisista y su impacto negativo en la empatía. Recuerda que el empático tiene una percepción única y sensible del mundo. Ella cree que el resto del mundo es tan cariñoso y amoroso como ella y que puede cambiar al narcisista con su amor. Pero como ya sabemos, una persona con NPD tiene problemas con, o una completa falta de, empatía, no entiende o es capaz de amar.

El Comportamiento de Un Narcisista

Ser narcisista significa que no estás muy preocupado por el resto del mundo. Eliges a tu acompañante sobre la base de que esta persona puede tirar de ti y llevarte más allá de donde puedes aterrizar por tu cuenta. Un empático no entiende esto porque no es el tipo de persona que busca cualquier tipo de estatus. Tanto un empático como un narcisista son intuitivos, pero utilizan su intuición de diferentes maneras. Un empático usa su intuición para conectarse con la gente en su vida. Un narcisista, por otro lado, utiliza su intuición para manipular y lograr sus objetivos (Orloff, 2018).

Un narcisista puede ser empático, pero su empatía no tiene nada que ver con la compasión. Es, en cambio, una falsa cualidad destinada a atraer a otros hacia él. Recuerda, el narcisista tiene un fuerte deseo de ser el centro de atención. Todas y cada una de las cualidades que podrían atraer a otros se presentan para maximizar sus posibilidades de admiración y notoriedad. Cuando el narcisista está con el empático, él refleja su compasión y sensibilidad sin que ella se dé cuenta de que lo está haciendo. El empático, en vez de ver a través del narcisista como mucha gente lo hace eventualmente, se enamora de los supuestos puntos en común del narcisista y se convierte en su defensor. El narcisista la engaña siendo inteligente, divertido y reflexivo al principio, pero estas cualidades son todas superficiales y se desvanecerán cuando el empático trate de llevar la relación a un nivel más íntimo.

Un Gran Objetivo

En una sala llena de gente diferente, el empático es el objetivo más grande y más obvio para el narcisista. Los empáticos son objetivos para los narcisistas porque saben que atraen a la naturaleza bondadosa de los empáticos (Arabi, 2016). Arabi escribe, además: "Los narcisistas no nos eligen a nosotros [empáticos] porque somos como ellos; nos eligen porque somos la luz de sus tinieblas; a pesar de cualquiera de nuestras vulnerabilidades, exhibimos los magníficos rasgos de empatía, compasión, inteligencia emocional y auténtica confianza que su frágil egoísmo y falsa máscara nunca podrían lograr". (Arabi, 2016).

El empático es sensible, atento, inocente y crédulo (Orloff, 2018), la presa ideal. Ofrece todo su ser al narcisista, y esto es perfecto para él. El narcisista necesita un presidente de club de fans, y el empático se siente halagada de que se le ofrezca el puesto. Pero como con todas las relaciones con el narcisista, el empático eventualmente pisará en falso.

Cuando el narcisista arremete en contra del empático por sus errores percibidos, la lastimará más devastadoramente que si arremetiera en contra de otra persona porque el empático no tiene filtros ni defensas. El narcisista adoptará su estrategia habitual de castigo. Se retirará y se volverá hosco; retendrá el afecto. Se burlará de ella en cada movimiento, la golpeará con insultos agresivos, y la culpará por todo lo malo en su vida. Cualquier otra mujer se iría en este momento. El empático, sin embargo, no lo hará.

Cuanto más cruel se vuelva el narcisista, más el empático creerá que puede cambiar el comportamiento del narcisista. El-la, desde su punto de vista optimista, cree que el narcisista tiene el potencial de cambiar y convertirse en una mejor persona.

Pero el narcisista no se convertirá en una mejor persona. Un empático puede creer que, si un narcisista va a terapia, todo cambiará, pero ni siquiera es un candidato adecuado para terapia porque nunca es dueño de su comportamiento. El narcisista no entiende el concepto de asumir responsabilidad por sus acciones. Sólo sabe cómo culpar a los demás por su comportamiento, y si no puede ser dueño del mismo, no puede empezar a cambiarlo.

No hay responsabilidad en el mundo del narcisista. Los conflictos ocurren porque otras personas los causan, esa es la creencia principal de un narcisista. Tal visión del mundo es extraña al empático, y, por lo tanto, la relación entre un empático y un narcisista es a menudo un ejercicio de codependencia.

La Relación Codependiente

La codependencia es cuando una persona depende de otra persona a la que está habilitando. A menudo, la relación de codependencia resulta en un desequilibrio de poder en el que la persona codependiente permite la adicción, la enfermedad mental o el bajo rendimiento de otra persona porque esa otra persona, en su estado habilitado, valida a la persona codependiente.

Muy a menudo, un empático y un narcisista se vuelven codependientes el uno del otro, un escenario en el que el empático se convierte en el co-narcista. El narcisista se beneficia porque tiene una audiencia en la que puede validarse y sentirse especial; el empático acepta el comportamiento perjudicial del narcisista y permite su enfermedad mental. El empático también se beneficia, se siente eficaz y útil porque aumenta la autoestima del narcisista y lo hace "feliz".

Desafortunadamente, debido a que el empático y el narcisista tienen deseos y motivaciones opuestas, ambos no pueden ser apaciguados en esta relación. Mientras que a un empático no le gusta el conflicto y requiere paz para su bienestar, a un narcisista le gusta causar caos y problemas para inflar su autoestima. En consecuencia, el narcisista creará una situación angustiosa, y el empático, que evitará el conflicto a toda costa, no lo detendrá. Al final, la única persona que es feliz después de un episodio caótico es el propio narcisista.

A veces, el empático y el narcisista son *compañeros de daño*, una palabra que significa que ambos miembros de la pareja han sido heridos o dañados de la misma manera. Por ejemplo, si tanto el empático como el narcisista tuvieran un abusador paterno que atacara su autoestima. Compartirán el dolor que se les infligió y lo usarán para crear un vínculo entre ellos.

El empático se siente atraído por el narcisista porque parece tener un alto cociente de inteligencia y es muy carismático. Siente que el narcisista es una persona impresionante que puede ser capaz de sentir las cosas que el empático está sintiendo. Un narcisista mantiene la relación que está teniendo con el empático en un nivel superficial a pesar de que ella quiere conectarse realmente. El narcisista fingirá intimidad sólo para satisfacer al empático. En general, la empatía es atractiva para la seductora atracción del narcisista y su falsa inocencia (Arabi, 2016).

Si crees que puedes estar en una relación codependiente, puede aprender más sobre esta condición en el otro libro de esta serie dedicado enteramente a este tema, titulado "¿Soy codependiente? ¿Y qué hago al respecto?" Por mí misma, Kara Lawrence.

La Distorsión Principal

Un narcisista va a actuar de la misma manera sin importar con quién esté involucrado. Siempre usará técnicas para degradar y menospreciar a esa persona. Sucede que un empático, con sus vulnerabilidades, será la persona más afectada por el comportamiento narcisista. Una de las herramientas principales en la caja de herramientas de un narcisista es enloquecer mediante engaños. Como se discutió en otros capítulos, enloquecer mediante engaños ocurre cuando el narcisista distorsiona la realidad o percepción de otra persona. Establece una situación con la intención de provocar una reacción, y luego culpa a la otra persona por reaccionar ante esa situación; puede incluso sugerir que has perdido la cordura (Orloff, 2018). Como resultado, el empático se desespera al cuestionar su racionalidad.

Además, el narcisista reescribirá o negará los eventos que han tenido lugar entre él y el empático. La empática es tan ingenua y sin límites que deja que la verdad del narcisista se convierta en la suya sin lugar a dudas. Puede que al principio intente corregir al narcisista, pero se encontrará con una pared de emociones frías. Si el empático tiene una preocupación, el narcisista no le presta atención y en su lugar se la devuelve, haciendo que el empático se sienta estúpido e insensato por estar siempre preocupado en primer lugar.

Esperanza para el Empático

Sin embargo, no tiene que ser una situación perdedora para un empático si está con un narcisista. Hay estrategias que un empático puede usar para protegerse. Aquí hay algunas cosas que un empático puede hacer:

- Bajar sus expectativas del narcisista. Dejar de pensar que el narcisista tiene un coeficiente intelectual emocional porque no lo tiene.

- Dejar de ser manipulado por el narcisista. Empieza a darte cuenta de las cosas que un narcisista hace para hacerte hacer cosas.

- Entiende que un narcisista es una persona muy genial. No hay cantidad de apoyo emocional que pueda hacer que un narcisista sienta.

- Si es posible, no te enamores de un narcisista. Si te enamoras, prepárate para terminar la relación porque sólo te traerá dolor de cabeza.

- Al tratar con el narcisista, acaricia su ego. Dile al narcisista cómo tus acciones (como dejarlo) lo beneficiarán.

Empatía y Narcisismo – Una Pareja Terrible

Donde hay un narcisista, seguro que hay un empático no muy lejos. Estos dos tipos de personas, desafortunadamente, se atraen el uno al otro sin importar la situación porque cada uno tiene las cualidades que el otro desea explotar. La relación entre un empático y un narcisista nunca será saludable. En consecuencia, es sabio para un empático entender bien las características de un narcisista para que pueda evitarlas. Si se involucra con un narcisista, las estrategias de concientización y protección pueden ayudarla a mantenerse alejada de lo que sin duda se convertirá en una relación desastrosa.

Si estás interesado en aprender más sobre esta relación entre empático y narcisista específicamente, por favor consulta otro libro de esta serie titulado "TOXIC MAGNETISM" que está dedicado enteramente a este tema.

Resumen del Capítulo

- Los narcisistas son fuertemente atraídos por los empáticos
- Una relación entre un empático y un narcisista está condenada al fracaso
- Los empáticos y narcisistas a menudo se vuelven codependientes

En el siguiente capítulo, aprenderás sobre las madres que son narcisistas.

Capítulo Seis: ¿Es Mi Madre Una Narcisista?

Justo cuando piensas que tienes todo sobre tu relación narcisista resuelto, te das cuenta de que hay más de un narcisista en tu vida: tu madre, que se esconde detrás de la fachada de una santa queriendo sólo lo mejor para su hija. Recuerda, un narcisista encubierto es *encubierto* por una razón.

Es difícil de creer que tu madre sea una narcisista, pero a menudo, la madre narcisista se disfraza de una figura que sufre mucho. Después de todo, el último lugar en el que alguien buscará el abuso es con su madre, quien, a lo largo de los años, ha sido desinteresadamente tolerante con él o ella. Sin embargo, en el caso de la madre narcisista encubierta, ella es todo menos desinteresada.

Uno de los rasgos principales de una madre narcisista es que no conoce límites. Mientras que algunas madres se retiran y se reservan el juicio, la madre narcisista se alimenta de criticar a su hija. Ningún tema está fuera de los límites, y cuando tratas de poner límites, te encuentras con frialdad y castigo. Este tipo de madre te hace creer que sólo te está diciendo estas cosas por tu propio bien, porque nadie más te dirá las cosas que necesitas saber.

Un ejemplo de este tipo de comportamiento sería la madre criticando el vestido de novia de su hija o la elección del lugar de celebración. Ella tomará esa boda y querrá hacer su propia marca, su elección de flores, sus preferencias de comida, en ella mientras que hace caso omiso de los deseos de la novia. Se podría decir que todas las madres hacen esto, pero no es cierto.

La madre cariñosa es cuidadosa con los sentimientos de su hija. Apoya a su hija en situaciones exigentes, en lugar de hacer un gran escándalo.

Maternidad Abusiva

Dado que la relación entre una madre y su hija comienza en el momento del nacimiento, desafortunadamente es el caso de que una hija no conozca ningún otro tipo de tratamiento por parte de su madre. Puede que pienses que es extraño descubrir que tu madre ha estado abusando de ti cuando, en realidad, tu madre te ha estado controlando e impidiendo que desarrolles tus propios gustos y disgustos. Ya que una madre narcisista ha estado controlando toda la vida de una hija, la hija no sabe cómo protegerse del abuso de su madre. Puede parecer que está bien cuidada físicamente, pero no tanto mentalmente. Además, tampoco sabrá cómo cuidarse o defenderse de los demás que intentan manipularla.

Una madre narcisista siempre está en desacuerdo con las decisiones y comportamientos de su hija. Una madre narcisista se exige a sí misma y a su identidad sobre su hija hasta el punto de que la hija no confía en sus propios sentimientos e impulsos (Lancer, 2017). Como resultado, la hija termina renunciando al control y dejando que su madre decida todo por ella. Cuando llega el día en que la hija trata de ser independiente, es derribada por el cruel abuso y los comentarios de su madre.

El Comportamiento de Una Madre Tóxica

Donde otras madres dan amor y apoyo; la madre narcisista destroza. Donde otra madre se enorgullece de la independencia de su hija; una madre narcisista ataca la independencia y crea una situación de tal egoísmo que la única opción de la hija es sacrificarse y dejar que su madre narcisista se salga con la suya.

No hay nada bueno en la madre narcisista. Todo acto y expresión son tóxicos. Sin embargo, la hija siente que debe amar a su madre incondicionalmente, incluso si el amor que recibe no lo es. La hija de una madre tóxica y narcisista se adapta al comportamiento de su madre a costa de perderse a sí misma. El verdadero yo de una hija es rechazado por una madre narcisista; en consecuencia, la hija se siente avergonzada de sí misma e incapaz de hacer algo bueno o correcto.

El Amor Impreciso De Una Madre Narcisista

La hija de una madre narcisista carece de la comodidad y el cuidado que la mayoría de las madres ofrecen a sus hijas. La ternura no es algo que experimente la hija de una madre narcisista. Puesto que la narcisista encubierta tiene una gran estima de sí misma, la madre narcisista se ve a sí misma como la figura materna ideal, en contra de la realidad. Cree que es perfectamente cariñosa y que sobresale en la crianza de su hija. En su opinión, los comentarios y observaciones sarcásticos son simplemente críticas constructivas y honestas. Después de todo, si no amara a su hija, no le importaría tanto su lugar en el mundo. La madre narcisista no se da cuenta de que su relación con su hija es de indisponibilidad emocional.

Estar En Lo Mejor De ti

La madre con Trastorno Narcisista de la Personalidad nunca piensa que está haciendo algo malo. Como narcisista, ella es el centro del universo; su visión del mundo es obviamente la única que vale la pena tener. Con esta mentalidad, manipula a su hija y controla las necesidades, sentimientos y elecciones que la hija trata de hacer por sí misma (Lancer, 2017).

La madre con NPD paraliza a su hija con críticas y control. La hija debe vestirse y actuar como la madre. Debe elegir pasatiempos y novios que la madre con NPD aprueba. La hija no es una persona por derecho propio, sino una extensión de la madre con NPD. Si la hija intenta salir por su cuenta y tomar sus propias decisiones, es castigada severamente con críticas y una fría retirada de la atención de su madre.

En el centro de este comportamiento narcisista materno está la envidia de la madre y sus expectativas de gratitud y cumplimiento (Lancer, 2017). Aunque la madre parece ser fuerte, ella, como cualquier otra persona con NPD, es insegura y carece de una verdadera autoestima positiva. Su hija, en consecuencia, es su rival inconsciente en esta competencia por ser la mejor y, para ganar, la madre narcisista menosprecia las relaciones de su hija con sus amigos, hermanos e incluso con su padre (Lancer, 2017).

Identificando a la Madre Narcisista Encubierta

Es cierto que, por ser encubierta, la madre narcisista puede ser difícil de identificar, y este hecho se ve agravado por el hecho de que la hija, que sería la que tendría la mayor cantidad de pruebas, nunca ha conocido otro tipo de comportamiento. Desafortunadamente, la mayoría de las veces, una persona sólo descubre que su padre es un narcisista cuando está en terapia o recibiendo consejería por las mismas condiciones y rasgos que el padre causó.

Sin embargo, hay maneras fuera del análisis de tu comportamiento que pueden ayudarte a identificar a tu madre como una narcisista. Si miras hacia atrás en tu niñez o incluso ahora en el día de hoy, verás que hay cosas que tu madre te dice o te hace que son diferentes de la manera en que las madres de tu cónyuge o amigos las tratan. Aquí hay algunos ejemplos que te pueden resultar familiares.

La Hija Inútil y los Hermanos Perfectos

Si tienes hermanos, podrías haber sido el chivo expiatorio. Puede que tengas un hermano o una hermana que no pueda hacer nada malo a los ojos de tu madre, y siempre fuiste la niña imperfecta que les dificultaba las cosas.

Puede que hayas competido con tus hermanos para ganar la aprobación de tu madre, y puedes recordar que tratar de complacer a tu madre con tu comportamiento nunca funcionó. Tu hermano o hermana siempre fue el perfecto que recibió los elogios y la atención de tu madre. Pero si discutes con ellos cómo te sentiste al crecer, podrías sorprenderte al descubrir que ellos sintieron la misma competencia y falta de aprobación. ¡En sus recuerdos, eras la niña perfecta! En realidad, sin embargo, tú y tus hermanos probablemente crecieron creyendo que todos los demás eran mejores que tú y que tu inferioridad era enteramente tu propia culpa porque creciste con un padre narcisista encubierto.

Tu Madre Tiene Dos Caras

Crecer con un padre narcisista puede ser muy confuso porque el narcisista tiene dos caras: la cara pública y la privada. En público, la madre narcisista es la ilusión de la perfección. Nunca tiene un pelo fuera de lugar, y se enorgullece de sus perfectas habilidades de madre.

Pero, aunque ella podría haberte mostrado orgullo en público, cuando llegabas a casa, te daba una lista de todas las cosas que habías hecho mal esa tarde y posiblemente te devolvía a las cosas del año pasado. La madre narcisista tiene una larga memoria y sacará a relucir todo lo que piensa que has hecho mal.

Desde una perspectiva clínica, el personaje público de la madre narcisista viene de un lugar de inseguridad e incertidumbre. Su cara pública es una de falsa confianza representada por un narcisista que es demasiado superficial para analizar su propio comportamiento. Además, el personaje público se desarrolla porque las habilidades maternas de la madre narcisista están lejos de ser adecuadas, y sus problemas de autoestima le impiden darlo a conocer.

La Proyección del Narcisista

Una madre con NPD trata de moldear a su hija para que sea justo como ella, pero este yo es idealizado y poco realista. En cambio, la madre con NPD proyecta en su hija muchos de los rasgos que ella detesta en sí misma. Además, la madre también puede proyectar rasgos percibidos de los recuerdos de su infancia de la abuela materna en la hija. Si eres la hija, esto te pone en una situación imposible, porque eres constantemente reprendida y castigada por comportamientos que quizás ni siquiera tengas.

Este tipo de trato duro daña la autoestima de la hija y la hace insegura e indecisa de sí misma. Estas inseguridades a menudo se convierten en impulsos peligrosos. La hija, creyéndose una carga para su madre, puede sentir que ni siquiera debería existir (Lancer, 2018). La hija no se da cuenta de que su madre nunca estará satisfecha con su comportamiento y continuará buscando la validación sólo para ser abusada y castigada por su comportamiento. Este tipo de abuso no tiene fin y continuará mientras la hija no sepa que su madre sufre de NPD.

Efectos duraderos de la Madre Narcisista

Cuando una hija recibe tantos mensajes negativos de su madre, le resulta difícil crecer sintiéndose fuerte y segura. En cambio, crece sintiéndose avergonzada y creyendo que no es amada (Lancer, 2018). Como resultado, estará constantemente en busca de aprobación y es muy probable que caiga en una relación de codependencia con otro narcisista más, lo que perpetúa el ciclo de abuso.

La hija también puede tener un fuerte odio y rabia hacia su madre que ella no entiende. Pero debido a que la autoexpresión no es algo que una madre narcisista aprecia o fomenta, la hija verá su emoción como otra pista más de que no es amada y es una mala persona. Llega a odiarse a sí misma y a su madre, y nunca hace la conexión de que su enojo proviene del tratamiento abusivo y despectivo de su madre narcisista (Lancer, 2017). Se necesita de un extraño o de un terapeuta para evaluar y concluir que la hija ha sido abusada por una madre tóxica con NPD.

Si te das cuenta de que has tenido esta experiencia al crecer, ten confianza de que puedes deshacer el efecto de los mensajes tóxicos con los que creciste creyendo. No sólo hay terapias y grupos de apoyo que pueden ayudarte a borrar estos mensajes y reemplazarlos con otros que lo eleven y lo afirmen, sino que también hay pasos que puedes tomar por tu cuenta. El primer paso para la recuperación es estar consciente y reconocer que sufriste a manos de una madre tóxica con NPD. Entiende que tu crianza, sin culpa tuya, explica por qué te atrajo y caíste en una relación con otra persona con NPD. Encontrarás que puedes cambiar y liberarte de todos los mensajes negativos que te han dado las personas narcisistas en tu vida.

Resumen del Capítulo

● Las mujeres que tienen relaciones con personas narcisistas pueden encontrar que sus madres también sufren de NPD.

● Las madres con NPD a menudo proyectan sus cualidades negativas en sus hijas.

● Una vez que te des cuenta de que tu madre tiene NPD, puedes comenzar la recuperación.

En el siguiente capítulo, aprenderás sobre la importancia de no tener contacto con el narcisista en tu vida.

Capítulo Siete: Sin Contacto

Lo más difícil de hacer en cualquier relación es romper. Es muy difícil comprometerse a no volver a ver a una persona con la que has pasado tanto tiempo íntimo. Significa que necesitas tener la fuerza de voluntad para no llamar a la persona cuando te sientes cansado o incompleto. Cuando rompes con una persona normal, los dos tienen un acuerdo mutuo para separarse y terminar la relación. Incluso si se contactan entre ustedes, sólo será platónicamente. De hecho, es posible que más tarde puedan ver a esta persona y saludarse con amabilidad y cortesía.

Sin embargo, cuando estás tratando de terminar tu relación con una persona narcisista, las cosas no van tan bien. El narcisista no puede entender que su relación ha terminado. A pesar de que tienes claro que la relación es malsana y que quieres terminar las cosas, el narcisista no entiende. No tiene ningún concepto de que la relación sea malsana. De hecho, las cosas parecen muy bien desde su punto de vista. En ti, el narcisista tiene un público cautivado, alguien quien lo adora y lo hace sentir poderoso. En ti, el narcisista tiene una salida a la que culpar por todas sus inseguridades y cualidades negativas. Si te deja ir, tendrá que enfrentarse al tipo de persona que realmente es. Así que, él luchará para mantenerte en esta relación.

¿Qué Es Sin Contacto?

El no tener contacto es una estrategia diseñada para eliminar toda la influencia que la parte ofensora tiene en tu vida. En nuestro caso, la parte ofensora es la persona con NPD, y el objetivo es recuperar la persona que eras antes del narcisista, restablecer (o desarrollar) tu autoestima, y usar tiempo y distancia para sanar cualquier herida física o mental.

Cuando no tienes contacto con un narcisista, literalmente no deberías estar en contacto. Eso significa mudarse, ignorar los mensajes y bloquear cualquier otro medio por el que el narcisista intente llamar tu atención. Sin embargo, si todavía necesitas estar en contacto con él porque tienen hijos juntos o porque el narcisista es un miembro de tu familia, cortar completamente la comunicación será más difícil o, dependiendo de la situación, imposible. En tal escenario, necesitarás encontrar una manera de tener la menor cantidad de contacto posible.

¿Por Qué Debería Ir Sin Contacto?

No necesitas ir sin contacto porque necesitas pasar tiempo lejos del tratamiento negativo del narcisista. Necesitas sanarte y recuperar tu salud. Puedes haber desarrollado vínculos traumáticos o codependencia con el narcisista; no puedes romper esos vínculos si él los refuerza constantemente. Recuerda, el narcisista no quiere que te vayas, y tratará de *aspirarte* o triangularte de vuelta a su órbita si tienes algún contacto con él.

Entiende que no tienes que permanecer unido a alguien que te causa tanto dolor como el narcisista. Te debes a ti mismo desconectarte del trauma y encontrarte de nuevo. No tener contacto es la manera más efectiva de hacerlo.

¿Qué Es El "Hoovering" Narcisista?

El término *aspirador* o *aspiración* proviene de la marca de una aspiradora (Hoover). En relación a las acciones de una persona con NPD, este término de la jerga se refiere al hecho de que el narcisista tratará de succionarte de vuelta a la relación.

Puedes pensar que la razón por la que el narcisista quiere que vuelvas a la relación es porque se arrepiente de su comportamiento y quiere empezar de nuevo o hacer las paces. Pero recuerda que el narcisista es incapaz de tal matiz. En realidad, él quiere *aspirarte* de vuelta a la relación para que pueda continuar usándote como un recurso. Específicamente, el narcisista quiere ser capaz de conseguir sexo, dinero y atención cuando quiera. Incluso puede ser que encuentres que el narcisista tiene un harén de ex que mantiene a su alrededor para satisfacer sus necesidades. Recuerda la visión del mundo del narcisista y el pedestal en el que se coloca en consecuencia, tener un harén a su disposición para satisfacer sus necesidades es lo más importante para él (Arabi, 2018).

Adicción al "Hoovering"

Reaccionar a un narcisista y su intento de aspirarte de vuelta a la relación golpea más que tu fuerza de voluntad. Los estudios han encontrado que cuando eres rechazado por un interés amoroso, puede haber cambios en los apegos bioquímicos que afectan la actividad cerebral relacionados con "antojos de adicción, recompensas y motivación" (Arabi, 2018). Estas son las mismas estructuras sinápticas que se desencadenan por adicciones a sustancias como la cocaína o el alcohol.

Cuando eres aspirado por una persona que no es buena para ti, como el narcisista, hay químicos en su cerebro que responden a esta relación, específicamente oxitocina, dopamina, cortisol y serotonina (Arabi, 2018). Discutiremos algunas de estas moléculas en mayor detalle en el Capítulo Nueve. Cada vez que eres aspirado, tu sistema neurológico se acostumbra más a las concentraciones cambiantes de moléculas. Eventualmente, llegarás a un punto en el que necesitarás cambios más grandes con más frecuencia, generados por la constante relación de estira y afloja que tienes con el narcisista. Cuando esto sucede, te has vuelto adicto a la relación.

Es importante trabajar con un terapeuta para superar cualquier adicción que puedas tener a un narcisista. Esto puede hacerse no idealizando la relación que tenías con el narcisista. Además, analizar el abuso que el narcisista te hizo puede ayudarte a darte cuenta de lo mala que fue la relación para ti. Es posible que te desintoxiques de esta relación abusiva siempre y cuando veas la relación que tuviste con el narcisista de una manera realista.

El Acto de Triangulación

Cuando rompes con un narcisista, él también puede intentar algo conocido como triangulación. Este es el proceso de incorporar a otra persona o grupo en tu relación para menospreciarte y hacerte competir por la atención del narcisista (Arabi, 2018).

Puede que te encuentres en un triángulo amoroso con los otros miembros del harén del narcisista. Al narcisista le encanta que la gente luche por su atención. Aumenta su ego y tiene el beneficio adicional de hacer que te menosprecies. Para él, es una situación en la que todos ganan. Este es el juego mental definitivo para el narcisista.

El narcisista triangulará de muchas maneras diferentes. Puede coquetear con otras mujeres, o puede tener una aventura física o emocional mientras está en la relación contigo. También puede compararte con otras mujeres o hacer que te sientas demasiado intimidada para confrontar a la otra mujer sobre el asunto.

Cuando un narcisista te enfrenta a otras mujeres, está devaluando la relación que tiene contigo. Cuando un narcisista usa la triangulación, quiere castigarte incluso por pensar en independizarte de una relación con él.

El narcisista a menudo usa la triangulación después de que rompes con él. Quiere llamar tu atención y hacer que te arrepientas de haberle echado a un lado. El narcisista espera que, triangulándote, pueda aspirarte de vuelta a una relación con él.

Respondiendo a la Triangulación

Aunque la triangulación es una técnica muy poderosa, puedes superarla con mucho trabajo. Primero, entiende y cree que eres irremplazable. La triangulación duele porque al narcisista le gustaría que pensaras que no tienes ningún valor, que la nueva persona con la que está involucrado puede darle lo mismo o más de lo que le diste. Esto no es cierto. Es importante recordar que el narcisista sólo intenta crear competencia.

Otra cosa importante que hay que saber es que el narcisista también abusará de la otra persona. Aunque parece que está tratando a la otra persona mejor de lo que te trató a ti, esto es sólo una ilusión. El comienzo de una relación narcisista es siempre fantasioso, pero esa condición es efímera.

Es muy importante que reconstruyas tu confianza en ti mismo para que puedas resistir la tentación de compararte con la otra persona con la que el narcisista tiene una relación. El hecho de que el narcisista esté usando a otra mujer para provocarte no significa que ella sea mejor que tú. Ella es sólo una herramienta que el narcisista está usando contra ti.

Debes dirigirte a las cosas con las que el narcisista está tratando de herirte y luchar contra ellas con un nuevo sentido de autoestima. Es posible que necesites ir a terapia para volver a aprender las cosas que son buenas acerca de ti. Rodéate de gente que conozca tu verdadero valor.

En general, necesitas dedicarte tiempo a ti mismo. Puede que te sientas tentado a volver al narcisista para sentirte completo de nuevo. Pero, recuerda que, aunque sentiste un cierto nivel de seguridad en la relación, fue abusivo y no fue bueno para ti.

No caigas en la competencia o sucumbas a los celos que el narcisista está tratando de desencadenar. Ten confianza en la decisión que tomaste de terminar tu relación con el narcisista.

¿Cómo Reaccionará el Narcisista?

Cuando terminas al narcisista por primera vez, entrará en pánico e intentará cualquier cosa para recuperarte. Te perseguirá con una venganza. Te rogará, prometerá cambiar, y hará todo tipo de promesas, cualquier cosa para mantenerte. Él sabe exactamente lo que quieres, y no tendrás ningún problema en usar esta información para tratar de manipularlo.

Estará en todos los lugares a los que vayas habitualmente. El narcisista puede acechar tu lugar de trabajo, y tratará de llamarte y enviarte mensajes en cualquier momento. Hará explotar los medios sociales de una manera que nunca se supo posible. Habrá un sinfín de correos electrónicos que te maldecirán o te alabarán, dependiendo del estado de ánimo del narcisista.

Cuando el narcisista se dé cuenta de que no vas a volver, cambiará rápidamente su tono. Te calumniará y le dirá a cualquiera que escuche que no lo merecías. De hecho, difundirá la noticia de que te dejó y no al revés. Puede enviar mensajes hirientes y degradantes. En la mente del narcisista, él es el partido perjudicado. En su cosmovisión, nadie querría dejarlo, así que cuando lo haces, interrumpes su sentido de la realidad. Por lo tanto, necesitas ser castigado para poner las cosas en orden. Cuando vea a tus amigos, se asegurará de estar con alguien que te haga sentir inadecuado. El narcisista hará correr la voz de que esta persona es mucho mejor de lo que tú nunca fuiste (Kassel, 2019).

Cosas que el narcisista hará para recuperarte:

- Te acechará por una oportunidad de hablar contigo.

- Te llamará y enviará un mensaje a todas horas.

- Estará en todas tus redes sociales.

- Te enviará correos electrónicos que te rogarán te pongas en contacto con él.

- Aparecerá en tu trabajo y te avergonzará.

- Se pondrá en contacto con sus amigos y familiares.

Tienes que prepararte para cuando el narcisista trate de manipularte. Él o ella te dará regalos, promesas y lágrimas. Se convertirán en tu personaje romántico favorito para recuperarte. Él o ella tratará de convencerte de que eran felices juntos y que eran la pareja perfecta ("Narcisistas y la Regla de No Contacto").

Cosas que Hacer Cuando No Tienes Contacto

El no tener contacto no es un método de sanación. Es el paso inicial que te llevará a la sanación, pero hay que trabajar más antes de que te recuperes de la relación insana que tenías con un narcisista. Como se dijo antes, el narcisista no quiere que te vayas y hará todo lo que esté a su alcance para mantenerte cerca, así que depende de ti que te mantengas alejado.

Estas son algunas de las cosas recomendadas que puedes hacer para no establecer contacto:

● No más encuentros con el narcisista, ya sea en privado o en público. Sólo no le des la oportunidad de convencerte de que no termines la relación.

● No hables por teléfono con el narcisista. El narcisista no es capaz de tener una conversación saludable.

● Bloquea todos los mensajes o ponerte en contacto a través de las redes sociales. Sé valiente, y no acoses cibernéticamente al narcisista. No es saludable monitorearlo, y, de hecho, podría ser peligroso. Específicamente, él usará todas las oportunidades para tentarte a que vuelvas con él. Tratará de ponerte celoso y cambiar la marea al parecer que está haciendo nuevos amigos y llevando una vida feliz sin ti. Esto va a doler, así que ni siquiera pienses en causarte más dolor llevando un registro de lo que está sucediendo en su vida.

● Salir de los medios sociales para que el narcisista no pueda encontrarte. Sí ve que estás saliendo con ciertas personas o yendo a lugares públicos, encontrará una manera de reunirse contigo. No proporciones un mapa y un programa para el narcisista.

● Recuerda que no tener contacto no es una forma de mejorar tu relación con el narcisista. Este es el fin, no una táctica para hacer el cambio narcisista.

● Si tienes amigos en común, no tienes contacto con ellos porque no puedes arriesgarte a que el narcisista se encuentre contigo a través de ellos.

Establece y mantén tus límites

Hay lugares y personas que no serás capaz de evitar. Lo más probable es que el narcisista conozca las direcciones de tu casa y trabajo, y que te espere en estos lugares. Tienes que ser firme sobre los límites que pones. Si el narcisista aparece en el trabajo, pide a seguridad que se lo lleve. Esto le mostrará al narcisista que hay consecuencias sociales externas a sus acciones, y puede que se lo piense dos veces antes de volver a visitarte. Si él todavía no se da cuenta de que está prohibido verte en el trabajo, mantente firme y no hagas ninguna excepción. Sin contacto significa sin contacto. Si necesitas ayuda, no dudes en obtenerla. Si crees que necesitas una orden de restricción, pídele a un abogado que te ayude a obtenerla. Hacer estas cosas podría mantenerte a salvo.

Deshacerse de los factores detonantes

Ver fotos o correos electrónicos del narcisista puede detonarte, así que deshazte de tantos de ellos como puedas. Retire las fotografías o elimínelas del equipo. Deshazte de cualquier regalo que el narcisista te haya dado o de cualquier otro recordatorio físico de tu relación. El no tener contacto es muy difícil, y tendrás momentos en los que te sentirás tentado a volver. Si tienes detonadores a tu alrededor, podrían llevarte de vuelta a los brazos del narcisista. Está atento a las cosas o lugares que te detonan, y deshazte de las cosas y evita los lugares que te molestan.

El siguiente paso es no ir a ningún lugar que el narcisista frecuenta. Estos son los primeros lugares a los que va a ir el narcisista una vez que inicies ningún contacto. Has pasado por todos estos pasos para sacarlo de tu vida, así que ¿por qué ir a algún lugar donde sabes que lo verás? El narcisista ha hecho tu vida muy poco saludable; por consiguiente, necesitas deshacerte de él para que puedas empezar a sanar. Al no establecer ningún contacto, garantizarás tu seguridad y bienestar.

Mantén un círculo de apoyo saludable

Habrá tiempos difíciles por delante. Es muy difícil evitar a un narcisista cuando se está metiendo en tu vida. Va a llevar a cabo una campaña de desprestigio y tratará de poner a tus amigos y parientes en tu contra. Recuerda que estas personas pueden no conocerlo tan bien como tú. Sólo conocerán la cara falsa que presenta el narcisista, que es encantadora y carismática. De hecho, habrá personas que no entiendan tu necesidad de no tener contacto. Para ellos, el narcisista no es capaz de abusar.

No pierdas el tiempo tratando de convencer a estas personas de que el narcisista es abusivo. Con el tiempo, el verdadero yo del narcisista emergerá. Y, si no lo hace, considera eliminar su club de fans de tu vida. Encuentra nuevas fuentes de apoyo. Sí, es difícil encontrar nuevos amigos, pero necesitas personas en tu vida que confíen y apoyen tus decisiones, no personas que traten de socavarlas. Tu prioridad es recuperarte de tu relación; no deberías tener que invertir energía en defenderte constantemente.

Mantente Ocupado

Hay cosas que puedes hacer para que ningún contacto tenga éxito. Puedes cambiar tu vida llenando tu horario con cosas que te guste hacer. Puedes tratar de ir a un gimnasio o unirte a una clase de yoga. Puedes tomar algunas clases en tu universidad local. Haz cualquier cosa que te mantenga ocupado. Busca nuevas relaciones y amistades. Es el momento de establecer nuevas redes de apoyo. No sólo debes llenar tu vida con más actividades, sino que también debes cuidarte a ti mismo. Trata de dormir lo suficiente. Come alimentos saludables y haz ejercicio regularmente.

Vive el momento y aprecia tu nueva vida. No es el momento de pensar en el pasado. Considera la posibilidad de terapia o asesoramiento. Busca personas y situaciones que te enseñen nuevas habilidades para la vida. No hay límite para las cosas que puedes hacer para sanarte a ti mismo. Ningún contacto es el principio y no el final de lo que necesitas para empezar a hacer por ti mismo.

Lo más difícil de no tener contacto es que tratarás de deshacerte de tu adicción a una relación malsana. Puede que sientas que necesitas vengarte del narcisista. Es natural tener mucha rabia por lo que te ha pasado, pero trata de mantener estos sentimientos bajo control. Si no puedes hacer esto por tu cuenta, busca la ayuda que necesitas para deshacerte de estos sentimientos tóxicos. Recuerda que ningún contacto es la puerta de entrada a la sanación.

Habrá momentos en los que echarás para atrás tus esfuerzos por no establecer contacto. Podrías sucumbir a la campaña del narcisista para recuperarte. Pero recuerda que un narcisista no puede cambiar su comportamiento porque no entiende que hizo algo malo en primer lugar. Si vuelves, en algún momento, el narcisista volverá a abusar de ti.

Si te encuentras de nuevo con el narcisista, no sientas que sólo porque no tuviste éxito sin contacto previo, no puedes hacerlo en el futuro. Es posible aprender de tus errores y tener éxito la segunda, tercera o incluso cuarta vez.

Pasos Preventivos para No Tener Contacto

Aunque puedas estar en un lugar donde no necesites establecer contacto de inmediato, es bueno que te prepares de antemano. Si puedes hacer estas cosas antes de no tener contacto, tendrás más posibilidades de éxito.

- Recuérdate a ti mismo que mereces una mejor relación

- Elige estar rodeado de amigos que sean empáticos con tu relación

- Construye una red de apoyo que estará ahí para ti durante los tiempos difíciles

- Instar al narcisista a ir a terapia

- Encontrar un terapeuta que sea experto en el Trastorno Narcisista de la Personalidad (Kassel, 2019)

¿Qué Hacer Si No Ir Sin Ningún Contacto?

Cuando un miembro de la familia es narcisista, es casi imposible no tener contacto. Sin embargo, todavía hay algunas cosas que puedes hacer para separarte del narcisista, incluso si ella debe permanecer en tu vida.

Reducir al Mínimo el Contacto con el Narcisista

Habrá momentos en los que tus hijos tendrán que ver a su otro padre o a sus abuelos. Sé firme en no hablar con ella cuando llegue a recoger a los niños. Mejor aún, pídele a alguien que deje a tus hijos en su casa para que no tengas que verla. Si tal ayuda no es posible, busca un lugar neutral donde ella no tenga la oportunidad de comenzar una pelea.

Establecer límites fuertes

No dejes que el narcisista se meta en tu cabeza. Haz de tu hogar un lugar seguro donde ella ya no existe. Si ella viene a tu puerta rogando verte, o peor aún, queriendo regañarte, deshazte de él. Tu casa es tu lugar seguro, y ella no pertenece allí. Haz lo mismo con tu lugar de trabajo. Designa estos lugares para que sean áreas a las que tu narcisista no pueda acceder.

Mantén a tus hijos seguros y saludables

Educa a tus hijos sobre sus padres narcisistas de manera apropiada. Este no es el momento de hablarle con desprecio o con rabia sobre su comportamiento, sino de explicarle a un nivel apropiado para su edad que el narcisista está enfermo y es incapaz de expresarse de otras maneras. Discute la visita de los niños con el narcisista, y trata de deshacer cualquier daño que ella haya tratado de hacer. Si los niños están muy molestos, considera la terapia familiar como una manera de mantenerlos sanos a pesar de los esfuerzos del narcisista por hacer lo contrario.

Estar calmado y sin emociones

Si tienes que ver al narcisista, no dejes que te afecte. Mantén la calma y no reacciones a lo que dice. El narcisista va a usar todo lo que pueda para hacerte retroceder. Recuerda, a ella le encantan tus reacciones, las cuales la validan. Ella no estará contenta de que lo estés haciendo bien sin ella. Ignora las cosas que te está diciendo y encuentra tu lugar de felicidad después de tratar con el narcisista.

Limita el tiempo telefónico y los mensajes con tus hijos

No le des al narcisista la oportunidad de llegar a ti a través de tus hijos. Si hablan con ella por teléfono, ten un límite de tiempo para la conversación y acortarlo si el niño se molesta. Además, limita los mensajes y monitorea los mensajes que el narcisista está enviando a los niños. Si los niños se están molestando mucho, tal vez sea el momento de contactar a un abogado familiar para establecer límites permanentes.

Instruye a tus hijos sobre las habilidades para sobrellevar la situación

Eres el ejemplo de tus hijos de cómo comportarse con un narcisista. No tengas miedo de jugar con tus hijos para que puedan aprender la mejor manera de tratar con su pariente narcisista. No tienes que demonizar al narcisista a tus hijos, pero puedes hacerlos conscientes de comportamientos que no son saludables. Ayuda a tus hijos a desarrollar habilidades para lidiar con sus padres narcisistas.

No critiques ni te quejes del narcisista frente a tus hijos.

Hay una fina línea entre educar a tus hijos y criticar al narcisista. Ten mucho cuidado de no hacer que el pariente narcisista parezca un monstruo. En su lugar, considera reforzar la imagen del narcisista hablando con tus hijos sobre sus rasgos positivos. Mantén el equilibrio frente a tus hijos. Recuerda, este es su miembro de la familia, y es bueno para ellos tener una perspectiva positiva sobre este pariente.

Comprender que no hay cura para el narcisista

Sé realista al tratar con el narcisista. No habrá un momento en el que puedas ser co-padre. A menos que él o ella vaya a un terapeuta, seguirán siendo malsanos para que puedas lidiar con ellos. No aflojes los límites ni dejes de vigilar a tus hijos a medida que pasa el tiempo. Recuerda que ningún contacto es la manera más saludable de tratar con el narcisista. Si es posible, lleva a tus hijos y a ti mismo a terapia familiar, para que puedas aprender técnicas para tratar con el padre narcisista en su vida (Esposito, 2015).

Después de ir Sin Contacto

A medida que no estableces contacto, puedes sentir que nunca llegarás a un punto en el que el narcisista esté fuera de tu cabeza. Comienza el proceso de sacarlo de tu cabeza siendo consciente y lidiando con el presente. No te sientas abrumado por pensar en tu pasado o en el futuro sin el narcisista. Ten cuidado con tus emociones y no te metas en ningún drama que el narcisista trate de crear.

El panorama general es que tu vida está a punto de ser mucho más fácil. Al principio, el narcisista luchará para recuperarte; sin embargo, se dará por vencido eventualmente, ya sea cuando entienda y siga adelante o, si es necesario, cuando las fuerzas de seguridad intervengan. En cualquier caso, cuando se dé por vencido, no tendrás que luchar tan duro para permanecer en la zona de no contacto.

Cuando estés pasando por lo peor, crea lugares seguros para ti. Tal vez hay una biblioteca donde puedes ir a buscar un poco de paz. Incluso la cafetería local o Starbucks puede convertirse en un lugar seguro donde puedas relajarte y pensar en otras cosas.

Si tienes hijos, mantén el compromiso de mantenerlos seguros y saludables. Cuando el narcisista se enfurece con sus tácticas y comentarios, tú te enfrías. No te metas en una pelea por las acciones del narcisista porque esto es lo que él quiere que hagas (Esposito, 2019).

Ten confianza de que no va a haber contacto. No es algo imposible de hacer. Pide ayuda y apoyo para superar este momento difícil. Encontrarás una fuerza que no sabías que tenías. Confía en que ningún contacto es lo correcto en tu situación.

Resumen del Capítulo

- No contactar significa no ver más al narcisista

- Ningún contacto es la opción saludable para un nuevo comienzo

- Un narcisista intentará cualquier cosa para volver a ponerse en contacto contigo.

- Mantente fuerte y no tengas miedo de pedir ayuda cuando no tengas contacto.

- Hay estrategias que puedes usar si tienes que ver al narcisista.

En el siguiente capítulo, aprenderás los diferentes tipos de terapias que pueden ayudarte a sobrellevar y comenzar a sanar.

Capítulo Ocho: Comenzar la Recuperación

Por este capítulo, es probable que te des cuenta de que tener una relación con un narcisista encubierto puede ser muy dañino para tu psique. Has soportado el abuso emocional hasta el punto de que necesitas planear una recuperación. Cualquier período de tiempo que estés expuesto a este tipo de comportamiento puede conducir a un trauma emocional, un trastorno de ansiedad, depresión o estrés postraumático (TEPT). Además, experimentarás un cambio en tu comportamiento normal. Esto no es nada de lo que avergonzarse. No hiciste nada de esto a propósito. Te entregaste de todo corazón a una persona sin darte cuenta de que te haría daño.

No te desesperes, hay algo que puedes hacer al respecto. Puedes recibir terapia para aliviar los síntomas de tu abuso. Hay muchos tipos diferentes de terapia, y exploraremos algunos de ellos para ver cuál te conviene más.

Una vez más, es importante recordar que no te hiciste esto a propósito. Te involucraste en una relación que pensaste que sería beneficiosa para ti. El narcisista encubierto te engañó para que creyeras que era una persona completa, capaz de estar en una relación amorosa.

Inicio de la Terapia

Entrar en terapia puede ser muy difícil, pero cuando terminas tu relación con el narcisista encubierto, no es raro tener dudas o cuestionar tus acciones. Puedes sentirte en conflicto. Una parte de ti entiende que la relación ha terminado; el narcisista es peligroso, y necesitas alejarte de esta persona. La otra parte, sin embargo, extraña al narcisista. No todos los segundos fueron difíciles; también hubo buenos momentos. La terapia puede ayudarte a trabajar en tu relación. A darte cuenta de que tú, como muchos lo hacen a menudo, recuerdan las partes buenas de la relación y suprime las partes malas.

Cuando empiezas la terapia, tienes que hacerte preguntas sobre el abuso. Las preguntas y respuestas que tienes te ayudarán a entender la relación que tuviste con el narcisista. Es importante que encuentres un profesional capacitado y que respondas a estas preguntas en un entorno terapéutico. Es importante que te sientas seguro, y el terapeuta o consejero adecuado esté capacitado para guiarte a través de estas preguntas con el menor trauma posible (Fritscher, 2018).

A continuación, se presentan algunas preguntas potenciales a considerar:

- ¿Cuándo comenzó el abuso?

- ¿Cuánto tiempo duró el abuso?

- ¿Cómo te hizo sentir el abuso?

- ¿Trataste de decirle a tu abusador que te estaba lastimando? ¿Cuál fue su respuesta?

- ¿Tu abusador alguna vez se puso violento contigo? Si es así, ¿cómo comenzó la violencia?

- ¿Con qué frecuencia ocurrió la violencia?

- ¿Qué inició el tratamiento abusivo?

• ¿Qué sucede después de un tratamiento abusivo?

En cualquier tipo de terapia que elijas, descubrirás las diferentes características de tu abusador y cómo te hirió. Aprenderás que no había nada que pudieras haber hecho para cambiar su comportamiento. Si tienes dudas persistentes de que tu narcisista encontrará una persona mejor que tú, recuerda que él o ella tiene una larga historia de lastimar a la gente. Es importante que interiorices que no tienes la culpa de ningún comportamiento abusivo sufrido por el narcisista.

Con un terapeuta que te guíe, descubrir el trato cruel de un narcisista puede ser un proceso muy sanador. A continuación, se presentan algunas preguntas adicionales que debes considerar cuando aceptes tu abuso y trates de superarlo.

Preguntas para Reflexionar

1. ¿Cuáles son los pensamientos acerca de tu relación que te frenan? Escríbelas.

Las respuestas a esta pregunta pueden variar desde que *el tratamiento que recibí fue mi propia culpa* hasta *que nunca encontraré a alguien que me ame más*. Es difícil diferenciar tus sentimientos en tu corazón de los hechos en tu mente. Mientras tu mente sabe que la forma en que te trataron fue muy equivocada, tu corazón te está contando una historia diferente. De hecho, tu corazón puede estar rogando que regreses al narcisista para detener el rompimiento. Las discusiones entre tu mente y tu corazón pueden volverse locas, así que considera escribir en un diario para darle sentido a tus pensamientos.

2. ¿Alguna vez te han tratado así?

Si puedes establecer que ha habido otros narcisistas o abusadores en tu vida, podría ser más fácil entender por qué tuviste una relación con un narcisista en primer lugar. ¿Fue esta la primera vez que has sido abusado en una relación, o son estas relaciones habituales? Cuanto más puedas entender tu historia, más fácil será empezar a trabajar en cualquier autoculpa o vergüenza que tengas. Es importante aislar las cosas negativas que te han dicho cuando estabas en relaciones inapropiadas porque pueden haber sido estas creencias falsas acerca de ti misma las que te llevaron a la relación abusiva en primer lugar. Un terapeuta bien capacitado puede ayudarte a explorar estos pensamientos y reemplazarlos con declaraciones positivas que te ayudarán a sanar.

3. ¿Te culpas por la forma en que te han tratado?

Uno de los comportamientos clave del narcisista era culparte por la forma negativa en que te trataba. Incluso cuando lo desafiabas por su comportamiento abusivo, él tergiversaba la situación hasta que tú eras el instigador y la razón de la discordia en la relación. Después de un tiempo, y después de muchos más de estos sucesos negativos, empezaste a creer que, en efecto, era tu culpa. Escribe estas acusaciones falsas y entiende que tú no tuviste nada que ver con el comportamiento perjudicial del narcisista. Date cuenta de que estabas con una persona asustada e insegura que no estaba preparada y que podría decirse que era incapaz de ser dueña de su comportamiento.

4. Recuerda las varias etapas de tu relación y comienza a entender las fases separadas del abuso narcisista.

Al principio, el narcisista se comportaba de la mejor manera posible. Era importante que él o ella te encantara y te atrajera a enamorarte de él o ella. Sentiste que habías conocido a la persona perfecta para enamorarte. Entonces, tu relación empezó a tener dificultades. ¿Cómo se transformó de un compañero amoroso a un abusador manipulador? ¿Cuándo ocurrió en su relación? ¿Cuál fue el catalizador, si lo hubo?

Si puedes rastrear el origen a cuando comenzó el abuso, puedes empezar a entender lo que no era cierto. Verás cuando su fachada carismática comenzó a resquebrajarse, y su verdadera naturaleza salió a la luz, y verás que coincidió con el tiempo en que él comenzó a derribarte. El maltrato del narcisista comenzó siendo pequeño y luego se convirtió en un escenario de abuso a gran escala. Recuerda a la persona que eras antes de que comenzara el abuso y empieza a entender la falsedad de las afirmaciones de la persona narcisista sobre ti.

Tus Opciones de Terapia

Desafortunadamente, muchas personas que salen de relaciones abusivas tendrán un trauma emocional marcado. Durante tu relación, el narcisista te degradó y menospreció con palabras y acciones despectivas hasta el punto de que el abuso psicológico te dejó con ansiedad o con una serie de otras luchas mentales. La depresión, en particular, es un síntoma común de abuso. Desde aquí hasta el final del capítulo, discutiremos métodos terapéuticos específicos para ayudarte con tu depresión.

Para empezar, un terapeuta puede sugerir psicoterapia, la cual a veces es llamada terapia conversacional. En la terapia conversacional, estarás solo con un terapeuta, y él o ella te involucrará en una variedad de técnicas que tienen como objetivo ayudarte a descubrir los pensamientos y sentimientos que te están haciendo daño. Además, la terapia conversacional te ayudará a aprender diferentes técnicas para lidiar con tu depresión.

Vamos a explorar los tipos de terapias que un profesional con licencia te guiará a través.

Terapia Cognitiva

La terapia cognitiva fue desarrollada en la década de 1960 por el Dr. Aaron T. Beck, psiquiatra de la Universidad de Pensilvania, específicamente para ayudar a trabajar en la depresión de un paciente.

El Dr. Beck encontró que las personas tienen pensamientos inconscientes y automáticos que a veces son negativos y propuso que son estos pensamientos negativos los que son dañinos. El Dr. Beck ayudó a sus pacientes a identificar, evaluar y entrenar sus pensamientos inconscientes para pensar de manera más realista. Cuando los pacientes hicieron esto, pudieron sentirse mejor emocionalmente y funcionar mejor. En particular, cuando un paciente era capaz de cambiar sus creencias sobre sí mismo, podía experimentar un cambio duradero.

Hoy en día, en el centro de la terapia cognitiva moderna está la creencia de que nuestros pensamientos afectan nuestras emociones. Si tenemos pensamientos negativos, experimentaremos emociones negativas. Si tenemos pensamientos positivos, tendremos emociones positivas. Por supuesto, no es necesariamente tan simple lograr o controlar nuestras emociones. Como seres humanos, tenemos una compleja mezcla de pensamientos y creencias que no pueden ser simplemente categorizados como buenos o malos. Por lo tanto, nuestro comportamiento tiene muchas capas que necesitan ser examinadas.

La terapia cognitiva es a corto plazo y se centra en objetivos. Cada sesión es muy estructurada, y tendrás tareas que hacer entre sesiones de terapia. Puedes esperar que la terapia cognitiva dure entre 6 y 18 semanas (Schimmelpfennig, 2019).

Este tipo de terapia te ayudará a examinar los pensamientos automáticos que estás teniendo acerca de tu relación con un narcisista. Podrás distinguir entre las creencias que el narcisista te impuso y la realidad de quién eres. Corregir los pensamientos automáticos que has desarrollado en tu relación con un narcisista te ayudará a borrar los pensamientos que el narcisista ayuda a construir.

Terapia Conductual

Otro tipo de terapia que podrías querer considerar es la terapia conductual. Este es un tipo de terapia que se enfoca en los comportamientos indeseables que querrás cambiar. Utiliza los principios del condicionamiento clásico y operante para reforzar los comportamientos deseables y deshacerse de los comportamientos no deseados o inadecuados (Cherry, 2019).

La terapia conductual utiliza técnicas como la terapia de aversión y la desensibilización sistémica para lograr sus objetivos. La terapia de aversión es cuando las conductas poco saludables se combinan con resultados negativos. Por ejemplo, si comes en exceso como una manera de lidiar con tus sentimientos negativos, aprenderás a combinar este consumo excesivo con sentimientos de enfermedad. Entonces, dejarás de hacer este tipo de comportamiento para poder hacer frente a la situación. La desensibilización sistémica ocurre cuando los sentimientos de tristeza se combinan con técnicas de relajación. El propósito de hacer esto es para que cambies tu comportamiento. En otras palabras, a través de la desensibilización sistémica, donde una vez sentiste dolor y tristeza, ahora te sentirás calmado y relajado.

La terapia conductual está muy basada en la acción; por lo tanto, un terapeuta conductual se va a enfocar en estrategias de aprendizaje que te ayudarán a deshacerte de los comportamientos no deseados. Los terapeutas que usan la terapia conductual creen que el comportamiento es el problema; enseñar nuevos comportamientos eliminará el problema. Específicamente, el aprendizaje antiguo condujo al problema en primer lugar, por lo que el aprendizaje nuevo lo solucionará (Cherry, 2019).

Hay tres técnicas conductuales diferentes que son utilizados en la terapia conductual, y éstas son la terapia cognitivo-conductual, el análisis aplicado de la conducta y la teoría del aprendizaje social. En los tres, aprenderás a aislar el comportamiento que está causando tus problemas y reemplazarlo con uno nuevo que alivie tus síntomas.

Terapia Cognitiva-conductual

La terapia cognitiva y la terapia conductual a menudo se combinan para ayudar a tratar la depresión y los trastornos de ansiedad. Cuando son combinadas, la terapia resultante se denomina terapia cognitivo-conductual (TCC). Un ejemplo de este tipo de terapia podría ser una situación como la siguiente: Tu terapeuta te hace escribir en un diario todos los eventos que te suceden en una semana. Luego te pedirá que identifiques las reacciones contraproducentes y negativas a esos eventos. Cuando hagas esta tarea, tu terapeuta podrá enseñarte nuevas maneras de pensar y responder a este tipo de eventos. También aprenderás a practicar el monólogo interno positivo (Schimelpfening, 2019).

La terapia de TCC es breve y muy orientada a objetivos. Implica entre 5 y 30 sesiones centradas en abordar problemas específicos. Este tipo de terapia puede ser muy útil para enseñarte a olvidar todo el comportamiento negativo que aprendiste durante tu relación con un narcisista.

Terapia dialéctica conductual

La terapia dialéctica conductual (TDC) es muy similar a la TCC porque su propósito principal es enseñar a las personas a lidiar con el estrés, regular sus emociones y mejorar sus relaciones con los demás (Schimelpfening, 2019). Este tipo de terapia se ocupa del proceso filosófico conocido como dialéctica. La dialéctica es un concepto de que todo está compuesto de opuestos. El cambio ocurre cuando una fuerza opuesta es más fuerte que otra.

La terapia dialéctica conductual a menudo utiliza el concepto budista tradicional de la conciencia plena. La conciencia es cuando eres plenamente consciente del momento presente sin juicio. Cuando eres consciente, no estás pensando en el pasado, ni estás proyectando en tu futuro; estás sólo en el presente, el ahora.

Para estar consciente, disminuyes la velocidad y te das cuenta de tu respiración y de las sensaciones de tu cuerpo. Hacer esto realmente te ayuda a ser más consciente de lo que está sucediendo dentro de ti. La belleza de la conciencia es que no tienes que creer en las filosofías orientales para que sea efectiva.

La TDC ha demostrado ser muy efectiva en el tratamiento de la depresión. Ayudándote a estar consciente, podrás no estar atascado en tu pasado o preocuparte incesantemente por tu futuro. Esto puede ser muy útil cuando sales de una relación con un narcisista. Al estar atento, puedes borrar todos los pensamientos negativos que el narcisista te puso en la cabeza.

Otra razón útil para considerar la TDC es que tu terapeuta estará disponible para el entrenamiento de crisis y puede guiarte a través de situaciones exigentes. Tu terapeuta se convierte en tu maestro, y él o ella te enseña cómo sobrellevar las crisis de manera más efectiva, incluyendo cómo superar la fase de no contacto de separarse de tu abusador.

Terapia Interpersonal

Soportar una relación con un narcisista puede desencadenar un conflicto que se convierte en una verdadera depresión. La terapia interpersonal se centra en los roles sociales pasados y presentes y en las interacciones interpersonales (Schimelpfening, 2019). Examina tus relaciones con el narcisista y otras personas importantes en tu vida. El objetivo de examinar tus relaciones es que identifiques cómo se desarrollan estas relaciones en tu vida. Al hacerlo, podrás resolver tu relación con el narcisista, y quizás deshacer algunos de los comportamientos que adquiriste durante tu relación.

Su terapeuta te pedirá que representes diferentes situaciones para que puedas practicar y mejorar tus métodos de comunicación con las personas en tu vida. Por ejemplo, puedes practicar cómo tratar con el narcisista en tu vida. También se te pedirá que elabores estrategias que te ayuden a construir un sistema de apoyo más sólido.

Este tipo de terapia trata más con el presente que con el pasado, lo cual puede ser muy útil porque es en el presente que necesitas la mayor parte de tu ayuda. Tratar con el narcisista puede hacer estragos en tu vida presente. Tratar de no hacer contacto mientras se supera la relación puede ser muy difícil. La Terapia Interpersonal puede ayudarte a idear estrategias para hacer frente a las situaciones difíciles de tu vida.

Diferentes Formatos de Terapia

Cuando pensamos en la terapia, pensamos principalmente en la terapia individual. Aquí es donde el terapeuta trabaja con un paciente de forma individual. Cuando estás en terapia individual, obtienes toda la atención de un terapeuta y te concentras principalmente en tus propios comportamientos y maneras de cambiar los negativos que afectan tu vida. Sin embargo, existen diferentes formatos para la terapia, incluyendo la terapia familiar, de grupo o de pareja.

Como su nombre lo indica, la terapia familiar es cuando vas a terapia con tu familia para que puedan trabajar en la dinámica dentro de este grupo (Schimelpfening, 2019). Este tipo de terapia puede ser muy útil si el narcisista en tu vida era parte de tu familia porque los otros miembros de tu familia también estarán pasando por problemas que resultan de tu relación con el narcisista. En una terapia familiar, todos pueden trabajar para aprender nuevas estrategias para sobrellevar la situación.

La terapia de grupo es un formato en el que ves a un terapeuta con un grupo que va de tres a quince personas. Este tipo de terapia puede ser bueno para ti si desea el apoyo de un grupo mientras estás trabajando en los problemas, y algunas personas prefieren este tipo de terapia porque hay menos presión sobre el individuo. Hay muchos tipos diferentes de terapia de grupo que se enfocan en una variedad de temas diferentes, incluyendo aquellos para sobrevivientes de relaciones narcisistas o abusivas. Puedes aprender de las experiencias y procesos de sanación de otros mientras estás en terapia de grupo.

La terapia de pareja es también un formato que podrías considerar si tu relación con el narcisista es algo de lo que no puedes salir. Algunas personas no pueden permitirse el lujo de divorciarse o tienen razones religiosas que les impiden divorciarse. Este tipo de terapia puede ayudar a una pareja a funcionar mejor.

La elección del formato de terapia a seguir depende de ti. Estás excepcionalmente capacitado para elegir el formato que mejor se adapte a tu personalidad, necesidades y situación.

Los Problemas Con Los Que Tienes Que Lidiar

Tu relación con un narcisista puede haberte dejado con algunos problemas bastante profundos, pero hay varias maneras de lidiar con estos problemas y aprender de ellos. Saber qué tipos de terapias están disponibles puede ayudarte a elegir un terapeuta eficaz que te ayude a fortalecerte y a resolver los problemas de salud que has desarrollado.

Muchos terapeutas aprenden en más de un formato específico de consejería. Entrevista a tu terapeuta para aprender qué tipos de terapia son sus puntos fuertes. La elección del terapeuta adecuado puede tener un impacto significativo en la forma en que te recuperas de tu relación con un narcisista, así que no tengas miedo de entrevistar a tu terapeuta antes de firmar. Programa tantas sesiones de información con diferentes terapeutas como sea posible antes de tomar la decisión de trabajar con uno. Puede que te sientas abrumado y sólo quieras ir con el primer terapeuta de tu lista, pero asegurarte de que tu terapeuta es el adecuado para ti es crucial para tu éxito. Sólo recuerda que eres capaz de hacer cosas que son buenas para ti.

Resumen del Capítulo

- Es importante darse cuenta de que puedes necesitar ayuda para sanar de tu relación narcisista

- Hay muchos tipos diferentes de terapia que pueden ayudarte

- Haz un esfuerzo para encontrar el mejor terapeuta para tus necesidades

En el siguiente capítulo, aprenderás alternativas a la terapia clínica tradicional.

Capítulo Nueve: Terapias Alternativas

La sanación de una relación con un narcisista puede ser un proceso arduo. Cuando estás en una relación con un narcisista encubierto, empiezas a perder la noción de quién eres. Muy a menudo, el narcisista encubierto toma las cosas con las que nos identificamos y las distorsiona en algo que no somos. Puede ser difícil de desenredar de estos momentos tan dolorosos.

La terapia es una manera de sanarnos del trato cruel que hemos recibido del narcisista. Ningún contacto es el comienzo de nuestra sanación. Las terapias convencionales son muy buenas para explicar lo que ha sucedido y ayudarte a fortalecerte después de que la relación termina. Pero a veces, puedes necesitar terapia adicional o decidir que un método alternativo podría ser mejor para ti. En este capítulo, examinaremos las terapias alternativas que puedes seguir para comenzar tu sanación.

Terapias Alternativas

La elección de utilizar una terapia alternativa puede ser realmente beneficiosa, y puedes utilizar métodos de sanación alternativos junto con la consejería tradicional, ya que los métodos como el yoga, los remedios herbales y las imágenes guiadas pueden integrarse fácilmente en otras técnicas de curación terapéutica ("Depression", 2019).

También pueden hacer que la terapia convencional sea más efectiva. Por ejemplo, tu terapeuta podría querer usar la hipnosis o la aromaterapia para calmarte para que puedas aventurarte más en su terapia. No es inusual que el proceso de psicoterapia sea difícil. Tener algo que pueda ayudarte a superar la dificultad puede ser muy beneficioso para tu progreso general.

Exploremos los diversos tipos de terapias integradoras para que puedas conocer y comprender las alternativas que existen para ti.

Terapia Herbal

La terapia herbal puede ser algo que puedes usar para ayudar a manejar los síntomas de tu ansiedad y depresión. La principal diferencia entre los medicamentos recetados y los remedios herbales es que la FDA regula estrictamente los medicamentos recetados, pero no los productos vegetales ("Herbal", 2019). Sin embargo, para tu seguridad, consulta a un experto antes de ingerir cualquier cosa desconocida. Podemos estar tentados a hacer nuestros chequeos por nuestra cuenta, pero es difícil predecir cómo se adaptará tu cuerpo a las diferentes hierbas. Es importante que un médico realice pruebas y tome un historial médico completo para buscar cualquier posible razón bioquímica detrás de los síntomas de la depresión. Tu médico puede verificar la presencia de sustancias como la vitamina D y el folato para obtener una mejor comprensión de cualquier desequilibrio hormonal o nutricional que puedas tener ("Depresión", 2019).

Una vez que tengas el visto bueno, hay muchas hierbas diferentes que tu médico puede usar. Sin embargo, cuando se trata de la depresión, las hierbas más comunes son la hierba de San Juan y el ginkgo biloba.

Hierba de San Juan

La hierba de San Juan, o Hypericum perforatum, ha estado en uso por más de mil años. No se ha comprobado científicamente que sirva para tratar la depresión, pero se usa comúnmente en la terapia herbal. Sin embargo, se debe tener cuidado al usar la hierba de San Juan si estás bajo medicación, ya que puede interferir potencialmente con los antidepresivos.

Ginkgo biloba

El Ginkgo biloba, también conocido simplemente como ginkgo o culantrillo, es otra planta que se da comúnmente para mejorar la memoria y la concentración. Hasta la fecha, el ginkgo biloba no se ha probado completamente, pero se ha utilizado durante muchos años para tratar la depresión.

Ginseng

Preferiblemente, el ginseng obtenido de América o Asia. El ginseng de otras partes del mundo no es el mismo. Esta hierba ha sido utilizada por los chinos durante más de mil años para mejorar la energía, despejar la mente y reducir el estrés (Galan, 2018). El ginseng se recomienda a las personas que sufren de depresión porque puede ayudar a aumentar la baja energía y la motivación de una persona deprimida.

Manzanilla

Aunque se necesitan estudios adicionales, la manzanilla demostró ser efectiva en el manejo de la depresión y la ansiedad sobre un placebo. Es necesario realizar más pruebas para confirmar estos efectos.

Lavanda

La lavanda es un aceite esencial que se toma por su capacidad para reducir el estrés y la ansiedad. También se ha pensado que ayuda a mejorar el sueño.

Azafrán

Es sabido que esta hierba controla los síntomas de la depresión.

SAMe (S-adenosil metionona)

Una forma sintética de una sustancia química natural en el cuerpo, la SAMe ha logrado resultados significativos cuando se usa para tratar la depresión en comparación con un placebo. También tuvo un efecto igual al de los antidepresivos imipramina o escitalopram.

Aunque la SAMe es usada como antidepresivo de prescripción en Europa, aún no ha sido aprobada para su uso en los Estados Unidos.

Ácidos Grasos Omega-3

Aunque no están aprobados para la depresión, los ácidos grasos Omega-3 se pueden tomar cuando una persona tiene una deficiencia, ya que ayudan a mejorar la función cerebral en general.

5-HTP (5-hidroxitriptofano)

Un suplemento útil para regular los niveles de serotonina, el 5-HTP se vende sin receta en los Estados Unidos, pero puede requerir una receta en otros países. El 5-HTP no debe tomarse en exceso porque tiene el potencial de causar una complicación neurológica grave (Galan, 2019).

Formas de Suplementos Herbales

Existen muchas formas diferentes de suplementos herbales, incluyendo secos, picados, en polvo, en cápsulas o líquidos. Como tal, pueden ser aplicados en innumerables maneras, tales como tragados como píldoras, polvos, o tinturas; colados como té; o aplicados a la piel como un gel, loción, o crema. También puedes agregar algunos suplementos herbales en tu baño.

La terapia herbal, aunque no está regulada, tiene miles de años de evidencia anecdótica. Por lo tanto, podrías sentir que no es necesario contactar a un médico antes de usar estos suplementos porque han pasado por la prueba del tiempo. Aun así, siempre busca suplementos herbales de alta calidad y consulta a tu médico con anticipación para que puedas determinar si interactuarán mal con cualquier medicamento que estés tomando actualmente.

Acupuntura

La acupuntura es un antiguo método chino para curar el cuerpo de diversas dolencias. Si estás sufriendo de depresión o ansiedad debido a tu relación con un narcisista, la acupuntura puede ayudar a aliviar algunos de los síntomas que estás teniendo.

En esta terapia alternativa, se colocan agujas muy finas en puntos específicos del cuerpo. La colocación de las agujas ayuda a estimular la capacidad de tu cuerpo para corregir los desequilibrios que puedan estar ocurriendo. La acupuntura también ayuda al cuerpo a disminuir o eliminar las sensaciones dolorosas ("Depression", 2019).

Hay un estudio clínico reciente que muestra que la acupuntura es efectiva para disminuir la depresión en un período de tres meses. Como la depresión a menudo tiene síntomas físicos como diferentes dolores y molestias, la acupuntura puede ayudar a aliviar algo del dolor físico que estés teniendo debido a la depresión.

Ejercicio

Aunque lo último que quieres hacer cuando estás deprimido o ansioso es hacer ejercicio, hacerlo puede ser lo que acelere tu recuperación. Lidiar con los cambios abruptos y negativos que pueden surgir de tu relación con un narcisista puede ser muy estresante y agotador. Es bueno hacer que tu sangre fluya con algo de ejercicio como una forma de distracción de estos problemas.

Uno de los síntomas más poderosos de la depresión es la necesidad de dormir continuamente. Dormir tus problemas puede parecer la solución fácil, pero tendrás que lidiar con tus emociones eventualmente. Ponerse activo puede ayudar a calmar tus nervios y darte energía para hacer las cosas que necesitas hacer.

El ejercicio puede no ser la cura obvia, pero puede ayudar a liberar hormonas importantes que pueden ayudar a calmarte y hacer más fácil el manejo de la depresión. Una caminata vigorosa en la mañana o una caminata tranquila en la noche puede realmente hacer una diferencia en tu estado de ánimo.

Hacer ejercicios como los aeróbicos puede ayudarte a deshacerte de parte de la energía nerviosa que se acumula dentro de ti. Además, si estás teniendo problemas para dormir, un excelente ejercicio puede ayudar a liberar las tensiones que te mantienen despierto.

Yoga

Otra forma de ejercicio que puede ser muy beneficioso para tu mente y cuerpo es el yoga. Este tipo de ejercicio puede ayudar a distribuir algunas de tus energías que se han estancado. Las características meditativas del yoga lo hacen ideal para alguien que está pasando por dificultades emocionales.

El yoga es un ejercicio que requiere que una persona haga posturas corporales junto con técnicas de respiración y meditación (Krans, 2018). Las diferentes posturas de yoga ayudan a una persona a estirar y mover su cuerpo de maneras que aumentan el flujo de energía dentro de él. La combinación de estos estiramientos con técnicas de respiración puede ayudar a proporcionar una salida para cualquier estrés en el cuerpo. Porque debes concentrarte en técnicas de respiración y en mover el cuerpo a través de una serie de posturas, el yoga tira de la mente hacia el presente.

El yoga se enseña normalmente como una actividad de grupo. En clase, un instructor de yoga evaluará las capacidades físicas de los estudiantes y dirigirá con poses apropiadas para el grupo. Estas posturas son generalmente flexibles y fluidas en su naturaleza. Un buen instructor de yoga animará a la clase a centrarse en imágenes positivas que calmen el cuerpo y la mente (Krans, 2016).

De acuerdo con el Harvard Mental Health Letter, el yoga puede reducir el estrés, la ansiedad y la depresión, proporcionar un ambiente auto calmante y mejorar la energía. Fisiológicamente, también puede reducir la frecuencia cardíaca, disminuir la presión arterial, facilitar la respiración y aumentar la tolerancia al dolor. Como ejercicio, el yoga aumenta la producción de serotonina, lo que los estudios sugieren que puede ayudar a eliminar la depresión (Krans, 2016). El yoga también puede aumentar la variabilidad de la frecuencia cardíaca (VFC) al aumentar la respuesta de relajación sobre la respuesta al estrés en el cuerpo. Si tu VFC es alta, esto significa que tu cuerpo se está adaptando al estrés (Krans, 2016). De acuerdo con un estudio reportado por Harvard Mental Health, las personas que no estaban estresadas tenían una mayor tolerancia al dolor.

Por lo tanto, el yoga es un ejercicio popular en los hospitales, ya que quienes lo practican desarrollan un bienestar general, no sólo la satisfacción física. La naturaleza meditativa del yoga ayuda a una persona a lograr una conciencia que puede no experimentar haciendo otro tipo de ejercicio.

Hay pros y contras en el uso del yoga como terapia. Los pros son que el yoga es seguro cuando un instructor te enseña a hacer las posturas correctamente. Además, es beneficioso para las personas que desean una mejor concentración, y puede adaptarse fácilmente a personas con diferentes grados de experiencia.

Como contra, sin embargo, los principiantes y aquellos con flexibilidad limitada pueden encontrar que algunas de las poses son difíciles; dependiendo de la pose, el yoga puede ser incómodo o incluso físicamente doloroso. Las clases de yoga en estudios privados son a menudo caras. Sin embargo, se ha hecho un esfuerzo para que sea más accesible, y se están impartiendo más clases en el YMCA, en centros comunitarios o a través de clases en línea.

En general, el yoga reduce el estrés, la ansiedad y la depresión. Es un ejercicio que promueve la concentración y el control de los movimientos físicos. Es bueno para varios tipos de personas y puede aumentar la energía, mejorar los patrones de sueño y aliviar algunos tipos de dolor.

Antes de comenzar un programa de ejercicio, verifica con su médico para asegurarte de que estás lo suficientemente en forma para hacer el ejercicio que has elegido. Tu médico también podrá tener algunas sugerencias acerca del ejercicio que pueden ser muy útiles.

Meditación

La meditación es un estado alterado de conciencia que nos ayuda a relajarnos y ser conscientes del momento presente. Puede ser difícil estar consciente durante la terapia, pero la meditación puede ayudar a hacerlo. Ha habido muchos estudios que muestran cómo la meditación puede ayudar a reducir los síntomas de la depresión y la ansiedad, y, de hecho, la investigación ha encontrado que aquellos que meditan diariamente pueden realmente cambiar físicamente su cerebro. Específicamente, "aquellos que meditan diariamente pueden experimentar una ruptura en las conexiones neuronales en el cerebro que induce sentimientos de miedo o ansiedad" (Bell, 2019).

La meditación también puede construir conexiones en el cerebro que se relacionan con la empatía y la capacidad de evaluar los problemas racionalmente (Bell, 2019). Un estudio realizado por la Facultad de Medicina de Harvard encontró que, dentro de las ocho semanas de práctica meditativa, se pueden encontrar cambios positivos en el cerebro. La meditación también puede ayudar a aumentar la felicidad y fomentar la satisfacción (McGreevey, 2019).

Aunque sólo practiques la meditación durante diez minutos al día, verás resultados. Tu mente funcionará mejor y los síntomas de tu depresión comenzarán a disolverse a medida que resuelves tus problemas con un nuevo enfoque.

Ser capaz de frenar y simplemente vivir en el momento presente puede ayudar a borrar parte de la mala programación que ocurrió durante tu relación con el narcisista. Se necesita un sentido agudo de estar presente para poder superar las cosas negativas arraigadas en ti por el narcisista, cuya principal habilidad parece haber sido hacerte infeliz.

Practicar la meditación e ir a terapia puede ser muy gratificante. Pídele a tu terapeuta que te ayude a encontrar el tipo de mediación que sea bueno para ti. Hay aplicaciones disponibles para tu smartphone que pueden ayudarte a alcanzar tu meta de meditar consistentemente.

Terapia de Masaje

No es raro sentirse estresado cuando se somete a terapia o consejería. Centrarse en algunos de los aspectos negativos de tu vida para poder cambiar puede ser una tarea desalentadora, por lo que puede ser una buena idea intentar una práctica relajante como un masaje profesional.

Un masaje estimula la relajación y disminuye la tensión y el estrés. Cuando recibes un masaje adecuado, liberas serotonina y dopamina, y disminuye sus niveles de cortisol ("Depresión", 2019).

El cortisol es una hormona que se produce en respuesta al estrés. Si puedes bajar esta hormona, tu cuerpo puede producir más serotonina y combatir mejor el dolor, la ansiedad y la tristeza. La liberación de serotonina y dopamina también puede ayudar a aliviar los síntomas de la depresión y mejorar tu ciclo de sueño para mejorar tu salud en general ("Massage", 2019).

Cuando recibes un masaje, estás en un lugar muy seguro donde puedes relajarte, reenfocarte y encontrar claridad. Cuando recibes un masaje, estás aumentando la conciencia de una conexión mente-cuerpo. Un toque seguro y nutritivo puede satisfacer tu necesidad de contacto humano con el beneficio adicional de proporcionarte comodidad y seguridad. Después de todo, recibir un buen masaje es como recibir un gran abrazo ("Massage, 2019).

Es importante trabajar con un terapeuta de masaje registrado porque ellos pueden trabajar contigo para producir un plan de tratamiento que ayude a disminuir los síntomas de ansiedad y depresión. Un buen terapeuta de masaje te ayudará a crear una sensación de alivio y empoderamiento, así como a establecer una conexión mente-cuerpo ("Massage", 2019).

Imágenes Guiadas para la Relajación

Otro método para lograr la relajación es usar imágenes guiadas, la cual es una forma de relajación enfocada que ayuda a crear armonía entre la mente y el cuerpo ("Depression", 2019). Al usar imágenes guiadas, te estás entrenando a ti mismo para crear un escape mental saludable y terapéutico. Al ser capaz de viajar fuera de lo que te está causando más dolor, serás capaz de sobrellevar mejor la situación. A veces tienes que salir de algo para poder cambiarlo.

En general, buscar terapias alternativas para mejorar tu bienestar puede ser muy gratificante. Participar en una terapia alternativa además de la asesoría profesional puede ayudarte a superar el dolor y la ansiedad de no tener contacto con el narcisista de una manera saludable. Se necesitarán muchos ajustes para que te deshagas de toda la negatividad que el narcisista te ha lanzado, y cuando las opciones de terapia convencional no son suficientes, una terapia alternativa dirigida a mejorar tu sesión de terapia conductual puede tener un efecto muy positivo y profundo en tu progreso.

Resumen del Capítulo

- Las terapias alternativas pueden ayudar a mejorar tus sesiones de terapia.

- Existen diferentes tipos de terapias alternativas que pueden ser buenas para ti.

- Alternativa puede ayudarte a tolerar el dolor emocional de tu situación.

En el siguiente capítulo, aprenderás cómo evitar sucumbir a otra relación narcisista junto con algunos métodos para manejar al jefe o compañero de trabajo narcisista.

Capítulo Diez: Aprender a Cambiar Patrones y Protegerte A Ti Mismo

El paso más difícil que tuviste que dar fue no tener contacto con el narcisista. Es posible que hayas sido capaz de escapar por completo; o, el narcisista puede haber sido capaz de atraerte de vuelta a él. Si es así, no hay que avergonzarse por ello. Como hemos discutido, dejar al narcisista cuando se presenta deliberadamente como el compañero ideal puede ser extremadamente difícil. Sin embargo, no te desanimes. Es posible no tener contacto y dejar al narcisista.

Si tienes problemas con el narcisista, hay medidas que puedes tomar para mejorar tu situación. Cuando trate de discutir contigo, no muerdas el anzuelo y desactives el contacto con el narcisista en su lugar. Puede que te sientas tentado a enfrentarte al narcisista, si pudieras llegar a él, no tendrías que dejarlo. Pero como ya sabes, no puedes curar a un narcisista. No importa lo que le digas, él no te creerá a menos que apoyes su visión del mundo.

Estableciendo de Límites

Establece límites que te ayudarán no sólo en la situación actual sino también en cualquier situación futura. La clave de cualquier límite que se establezca es ser consistente. No establezcas condiciones que no puedas hacer cumplir. Comienza con algo pequeño como evitar los lugares que frecuenta, y trabaja para seguir ese plan consistentemente. Cuando estés seguro de que puedes mantener el límite, establece otro.

Si el narcisista cruza tus límites, enfréntalo. Haz cumplir los límites que has establecido. No dejes que el narcisista se salga con la suya provocándote, o de lo contrario nunca te tomará en serio. Comunícale los detalles de los límites y las consecuencias potenciales si los rompe. Si dices que llamarás a la policía si se acerca a ti, hazlo, llama a la policía. No te asustes si el narcisista trata de engañar a su manera a través de tus condiciones. Sólo mantente firme y da las consecuencias. Una vez que lo hagas, el narcisista se lo pensará dos veces antes de volver a cruzar un límite contigo.

Elimina los Comportamientos Poco Útiles

Un narcisista te dirá que lo que le estás haciendo no es justo. No te sientas mal por esto. El mundo no es justo. No fue justo cuando te trató de la manera en que lo hizo o te hizo pasar por las cosas que hizo. Tú no eres perfecta, y él tampoco lo es. Sin duda, participarás en acciones que el narcisista considera injustas. No prestes atención a las quejas del narcisista y entiende que sus quejas se deben al hecho de que te estás defendiendo (Grace, 2018).

Otro concepto del que es necesario deshacerse es el de disculparse siempre. Cuando te disculpas, el narcisista piensa que estás diciendo que es perfecto (Grace, 2018). Él no ve tu disculpa como arrepentimiento por tus acciones, sino que piensa que estás admitiendo que él tiene razón y que estás equivocada.

Eres una persona sensible y empática; se siente bien disculparse para remediar las heridas de la otra persona. Sin embargo, debes recordar con quién estás tratando: una persona que nunca diría que se arrepiente de sus acciones. El narcisista ni siquiera entiende el concepto de disculparse.

Entendiendo la Realidad de tu Situación

Diagnosticar a una persona con NPD es algo muy serio. Además, hay diferentes grados de Trastorno Narcisista de la

Personalidad. Podrías decidir que tu narcisista está en el extremo inferior del espectro o que está en el extremo superior. Decidas lo que decidas, debes saber que no pueden cambiarla. Ella es quien es. Es una tentación pensar que se puede trabajar con su narcisismo, pero en realidad, la única persona que podría trabajar con un narcisista sería un terapeuta que puede enseñarle al narcisista a ser menos egocéntrico. No se puede curar a un narcisista. Acepta que la narcisista y su comportamiento no es bueno para ti.

Si debes permanecer en contacto con el narcisista, es importante que te mantengas firme en tu creencia de que el narcisista te hará daño. Puede ser tentador reavivar su relación después de una larga separación porque parece sanada o mejor manejable. Esto no siempre será así. De hecho, si un narcisista dice que está curado, pide ir a terapia con ella y averigua cuánto ha progresado. Incluso entonces, no deberías considerar volver con él. Incluso si su condición ha mejorado, ella también tiene el hábito de tratarte mal, un hábito que incluso un terapeuta puede no ser capaz de cambiar.

Tienes que aceptar quién es el narcisista para ti y alejarte de ella. Al principio, será muy doloroso, pero a medida que avance en tu recuperación, comprenderás más y más a lo que te enfrentabas. Y, con suerte, con una mejor autoestima, ya no sucumbirás a la narcisista y a su engaño.

Cosas que Debes Hacer para Protegerte

En el futuro, podría haber un momento en que atraigas a otro narcisista. Serán tan encantadores y carismáticos que no verás las banderas rojas en su personalidad de inmediato. Sin embargo, a medida que llegas a conocer a esta persona, puedes comenzar a sospechar que sufre de NPD. No te asustes ya que hay cosas que puedes hacer para protegerte y sacar a este nuevo narcisista de tu vida.

Lo primero que tienes que hacer es reconocer que esta nueva persona es un narcisista. No tiene que ser un interés amoroso; puede ser un amigo, un compañero de trabajo o un miembro de la familia. Independientemente del papel del narcisista en tu vida, necesitas ser fuerte y darte cuenta de que esta persona no es saludable para ti. Saber que esta persona es un narcisista antes de que te involucres en una relación con ellos puede ahorrarte mucho dolor en el futuro.

Al tratar con un narcisista, hay que separar la realidad de la ficción. ¿Hace esta persona lo que dice que va a hacer? ¿Esta persona presume mucho, pero hace muy poco? Si esto último es cierto, puede ser una señal de que estás tratando con alguien que tiene un gran ego con mucha inseguridad. Recuerda, los narcisistas tienen una grandiosa idea de quiénes son. Con la experiencia, serás capaz de ver a través del carácter exagerado del narcisista y no participar en ninguna de sus falsedades.

Cuando tengas que tratar con el narcisista regularmente, ten cuidado con lo que dices. Si él o ella es un compañero de trabajo o un miembro de la familia, es posible que tengas que verlos todos los días. Aprende qué es lo que detona al narcisista y mantente alejado de esos temas. Recuerda que no tienes que involucrarte con el narcisista y trabajar en sus habilidades sociales o éticas. Si tienes que interactuar con él o ella, mantén la calma y libérate de la situación cuando sea posible. A los narcisistas no les gusta ser desafiados; no les gusta tomar responsabilidad por sus acciones. Tratar de ayudar al narcisista sólo puede empeorar las cosas. Aléjate de las situaciones difíciles y deja que el narcisista se ocupe de lo que sea que esté enredado.

Relaciones Futuras

Una de las cosas en las que puedes trabajar es en determinar los patrones en las relaciones que buscas. ¿Principalmente terminas con gente que está en el espectro narcisista?

Anota todas las relaciones que has tenido y puntúalas según la cantidad de cualidades narcisistas que puedan tener. Puede que empieces a ver un patrón. Tal vez nunca habías estado involucrado con un narcisista antes de esta última relación. O tal vez tienes un historial de atracción hacia los narcisistas. Ahora califica la intensidad de los narcisistas con los que estuviste involucrado. ¿Hay algo en común? Por ejemplo, ¿son todos los narcisistas parte del mismo espectro? ¿Pueden todos ellos ser colocados en los rangos leves, intensos o medios del espectro?

Esta encuesta informal puede ser muy útil para ti, especialmente si deseas romper el patrón de involucrarse con un narcisista. Una vez que veas un patrón, podrás empezar a cambiar tus expectativas para la gente con la que vas a estar involucrado. Podrás establecer algunos límites y evitar futuros abusos y sufrimientos.

Convertirse en una Persona Más Fuerte

Los narcisistas odian estar con alguien que va a poner en evidencia su engaño o desafiarlos. Mientras estés en recuperación, te convertirás en una persona más fuerte. El tipo de persona que no es necesitada y débil. Te convertirás en una persona que no puede ser engañada o cualquiera de las otras payasadas que un narcisista usará en ti.

Un narcisista no se va a involucrar con una mujer fuerte que conoce su mente. Por lo tanto, desarrolla tu personalidad para ser una persona fuerte y auténtica. Cuando conozcas a un narcisista, enfréntalos por su comportamiento y desafíales a que sean reales en lugar de falsos. Cuando no puedas hacer esto, sigue adelante y no te involucres de nuevo con ellos.

Conectar Contigo Mismo

Desarróllate como una persona auténtica. Sé la persona fuerte que siempre has soñado ser. No dejes que el miedo dicte tus acciones. Ten confianza en tus elecciones y no dejes que nadie te haga pensar que no puedes pensar por ti mismo. A un narcisista no le gustará que no haya nada que pueda usar para manipularte. No hay agujeros ni debilidades que pueda distorsionar en su favor. Deja de ser vulnerable con cada persona. Escoge sabiamente a las personas con las que vas a discutir tus defectos. Ten cuidado con el narcisista porque vive para usar este tipo de cosas a su favor.

Deje de Intentar Salvar a la Gente

Cuando conozcas a una persona en el espectro narcisista, no creas que puedes ayudarla a superar su NPD. Deja que se enfrenten a sus propios problemas. Recuérdate que quieres una relación saludable, no codependiente. Deja que el narcisista vaya a terapia por su cuenta. No tienes que arrastrarlos hasta allí, ni tampoco tienes que convertirte en el terapeuta de esa persona.

No sientas que tienes que rescatar al narcisista. Necesitas separarte emocionalmente de la gente que conoces que está en el espectro narcisista. El narcisista intentará que absorbas el dolor y la culpa. No hagas eso por ninguna persona, en ningún momento.

Ya no tienes que rescatar gente para probarte nada a ti mismo. Tu trabajo es ser una persona auténtica y encontrar otras formas fructíferas de aumentar tu autoestima. Necesitas cultivar tus propios sentimientos de valor y seguridad. Además, deja de buscar a otros para su validación. Es contraproducente tratar de conseguir que una persona narcisista te valide. Tienen un interés en mantenerte débil y sentirte como un fracasado. Aprende a validarte y deja de dar a otros el poder de decirte si estás haciendo algo bien o mal.

No Te Involucres en Otra Relación Narcisista

A medida que te conviertas en una persona más fuerte, ya no serás tan atractivo para un narcisista como antes. Sin embargo, hay mucha gente que está en el espectro narcisista. Aunque seas cauteloso, es bueno que tomes medidas para protegerte de cualquier narcisista que trate de involucrarse contigo.

Asegúrate de hacerle a la nueva persona tantas preguntas como te hagan a ti.

Los narcisistas viven para recolectar información sobre ti, pero a cambio dan poca información sobre sí mismos. Si notas que alguien está repitiendo lo que acabas de decir, ten cuidado con él o ella. Por ejemplo, podrías decir que te encantan las películas románticas y responden con "Yo también". En lugar de aceptar esto como una respuesta, pídeles que nombren una película romántica específica que les guste. Esto le hará saber al narcisista que no eres un blanco fácil.

Ten cuidado al revelar información personal.

Un narcisista te hace preguntas personales para poder acercarse a ti lo antes posible. El narcisista quiere hacer recortes en la construcción de una relación, y esto no es bueno. Además, revelar algo demasiado personal te dejará abierto a ataques en el futuro. El narcisista siempre usará tus vulnerabilidades contra ti.

Mantén tu tiempo a solas.

Un narcisista querrá pasar cada minuto despierto contigo al principio. Te bombardeará con atención para controlarte. Al enviarte un montón de mensajes y correos electrónicos, él está irrumpiendo en tu tiempo. Si sales a algún lugar para estar solo, como un paseo tranquilo, no contestes el teléfono. El narcisista te está robando el tiempo y está tratando de controlarte.

No cambies tu rutina.

Cuando conozcas a alguien que quiere alejarte de tu rutina, ten mucho cuidado. Es importante que nadie te quite el tiempo que pasas con tus amigos y familiares. Si tienes una noche normal de cine con alguien, el narcisista tratará de verte esa noche. Mantente alejado de la persona que sólo quiere hacer cosas contigo y no con nadie más. Un narcisista quiere aislarte para que te vuelvas dependiente de él o ella. Mantén tus rutinas, y no las cambies por nadie, no importa cuán convincente sea el argumento que te den.

Ponte cómodo con tus límites.

Los límites son lo que te mantienen a salvo y feliz. No es bueno no tener límites cuando eres una persona sensible y sentimental. Es posible que tengas la impresión de que siempre tienes que ponerte ahí fuera y ser sincero. De hecho, sientes que, para poder conocer a alguien, necesitas bajar la guardia. Pero, aunque parece que estar relajado es lo mejor para una persona empática, no lo es. Necesitas límites para que la gente no se aproveche de ti. Si te encuentras con un narcisista, él o ella tratará de derribar tus límites y establecer rápidamente la intimidad para que puedan seguir adelante y aprovecharse de ti. Pero si tienes límites fuertes, es casi seguro que repelerás a cualquier narcisista que conozcas.

Estas son algunas de las cosas que necesitas hacer para protegerte de volver a involucrarte con un narcisista. No temas volver a caer en tus viejos hábitos y atraer a otro narcisista. Ahora que has aprendido más sobre el narcisista encubierto, estarás más informado de encontrarte con otro de nuevo. Ten confianza en ti mismo.

Narcisistas en el Lugar de Trabajo

Una vez que te familiarices con las características de una relación narcisista, puedes encontrar narcisistas en otras partes de tu vida. Específicamente, puedes encontrar que trabajas con uno. ¿Cómo sabrás si tu jefe o compañero de trabajo es un narcisista?

El narcisista en tu lugar de trabajo puede tener una actitud de superioridad o la creencia de que, si no fuera por él, el lugar de trabajo se desmoronaría. El narcisista puede ser el tipo de persona que siempre se apresura a ayudar en situaciones en las que no es necesario. Lo hace porque cree que sólo él puede resolver el problema, no nadie más. Estos tipos de narcisistas piensan que son santos que tienen visiones poco realistas de sus habilidades (Chen, 2017).

Los Dos Tipos de Narcisistas en el Lugar de Trabajo

Los dos tipos diferentes de narcisistas que se encuentran en el lugar de trabajo son los narcisistas auténticos y comunales. El narcisista auténtico es el tipo de persona que piensa que es superior a otras personas en la oficina. Es arrogante y rara vez espera escuchar las ideas o soluciones de otra persona. El narcisista comunal, por otro lado, es un mártir. Es un santo autoproclamado con puntos de vista poco realistas sobre sus esfuerzos en el lugar de trabajo. En otras palabras, cree que es el único en la oficina que mantiene las cosas en orden (Chen, 2017).

Ya sea que tu compañero de trabajo sea un narcisista auténtico o comunal, todavía es posible trabajar juntos. Delega ciertos proyectos en él, y deja que tenga su propio mundo donde él pueda tomar todas las decisiones. Anime al narcisista comunitario a trabajar con tantos equipos como sea posible. Cuanta más gente sienta que ha ayudado, mejor será el ambiente de trabajo. Sin embargo, asegúrate de que otros miembros del equipo también sean reconocidos por sus esfuerzos. Esto evitará que el narcisista del lugar de trabajo se lleve todo el crédito.

Es importante que entiendas que, al igual que cualquier otro narcisista, nunca serás capaz de cambiar al narcisista del lugar de trabajo. Sin embargo, hay algunas cosas que puedes hacer para disminuir su impacto en el lugar de trabajo (Lamberg, 2019).

Ignora al narcisista

Aunque tal vez quieras enfrentar al narcisista, lo mejor que puedes hacer es ignorar el comportamiento y resistir el impulso de participar en una lucha de poder. Sólo tienes que ocuparte de tu propio trabajo y darle al narcisista todo el espacio que necesite.

Descubre el efecto de enloquecer mediante engaños

El narcisista del lugar de trabajo va a querer menospreciarte y obtener toda la atención y el crédito. Él cuestionará tu versión de un evento o hará que tus preocupaciones parezcan triviales. Incluso puede ser abusivo cuando trabajes con él, pero distorsiona el abuso y lo hace tu culpa. Esas cosas son movimientos clásicos de enloquecerte mediante engaños. Aférrate a tu conocimiento de que el narcisista te está haciendo perder la cabeza, y no te involucres con él.

No Desafíes

No desafíe al narcisista del lugar de trabajo. Habrá situaciones en el lugar de trabajo en las que el narcisista piense que tiene la respuesta definitiva a un problema. Si lo desafías frente a otros, implosionará, y luego tratará de castigarte. Por lo tanto, es mejor no desafiarlo. Encuentra una manera de expresarte que no haga que el narcisista del lugar de trabajo se sienta desafiado.

Comprender al narcisista y su inseguridad

Aunque el narcisista puede parecer la persona más segura de sí misma en la habitación, no lo es. Recuerda que el narcisista está sufriendo de un trastorno mental. Sus acciones vienen de un lugar inseguro. Ten un poco de compasión por el narcisista, pero mantén la distancia.

Sé firme en cuanto a los límites

Una manera efectiva de sobrevivir a un narcisista en el lugar de trabajo es tener límites muy firmes con él. Hazle entender que no te involucrarás en discusiones y que no le permitirás manipular situaciones que sobrepasen tus límites. Entiende que no se puede confiar en el narcisista y que no tiene las habilidades de comunicación para participar en una relación saludable contigo. No dejes que el narcisista del lugar de trabajo pisotee tus límites.

Pide ayuda

A diferencia de una relación romántica, hay otras personas involucradas con el narcisista del lugar de trabajo. Puede ser útil si reúnes a otros compañeros de trabajo para aprender a lidiar con el narcisista. Comparte con los demás las estrategias que han funcionado al tratar con él. De manera discreta, pide consejo a tus compañeros de trabajo y busca su apoyo. Ninguna persona podrá cambiar al narcisista, pero a veces compartir la carga de trabajar con el narcisista puede ser muy útil.

Lecciones Aprendidas

Al tratar de superar tu relación narcisista, puede ser abrumador darse cuenta de que hay otros narcisistas en tu vida. El último lugar donde quieres tratar con un narcisista es tu lugar de trabajo o tu familia. Sin embargo, deja que el hecho de que estás aprendiendo nuevas habilidades que te ayudarán a lidiar con estos otros narcisistas. También puede ser útil observar a otras personas y ver cómo tratan al narcisista. Saber que no eres el único que trata con un narcisista puede darte algo de consuelo.

Resumen del Capítulo

- Escribe sus relaciones pasadas y busca patrones

- Conviértete en una persona fuerte y auténtica para ahuyentar a los narcisistas

- Es posible mantenerse fuera de una relación narcisista

Últimas Palabras

El viaje hacia la recuperación tendrá altibajos, pero llegarás a un punto en el que volverás a ser mejor. Es natural que te sientas enojado con el narcisista. Él o ella te hará daño a un nivel que nunca has experimentado antes. Hasta podrías estar tentado de estar enojado contigo mismo por haberte involucrado con un narcisista. No desesperes y suprime toda esa ira. Déjalo salir. Haz algo positivo para superar ese enojo, como un programa de ejercicios que te ayude a liberar ese enojo. Intentar algo tranquilo como el yoga o dar largos paseos es lo ideal.

Pedir ayuda es el siguiente paso en tu recuperación. Es difícil hacer algo tan complicado como superar a un narcisista. El narcisista fue muy hiriente, y el trauma de sus acciones hacia ti necesita ser tratado. No sufras en silencio; busca un terapeuta o ábrete a un amigo de confianza. No hay razón para que trates de sanar por tu cuenta. El narcisista usó muchos trucos manipuladores como enloquecerte mediante engaños y culparte por cosas que no hiciste. Necesitas que alguien más te ayude a reescribir los pensamientos negativos que resultaron de tu relación traumática.

Sigue con la regla de no contacto. No es bueno para ti estar cerca del narcisista cuando estás tratando de sanar. No hay ninguna buena razón para volver a interactuar con el narcisista. Si compartes amigos, ahora es un momento apropiado para hacer nuevos amigos. Si compartes familia, despídete cuando tengas que ver al narcisista. Lo mejor que puedes hacer es quitarle cualquier razón para que el narcisista hable o se involucre de nuevo contigo. Si necesitas acudir a un abogado para elaborar un plan de contacto modificado, hazlo. No tengas miedo de obtener una orden de restricción contra el narcisista si es necesario. Necesitas protegerte a toda costa. Haz cumplir cualquier acción legal y no dejes que el narcisista se libere. Si dejas que se salga con la suya, se sentirá reivindicado y tratará de acercarse a ti una vez más. Esto es lo último con lo que tienes que lidiar en tu recuperación.

Está bien dejar de aprender sobre las relaciones narcisistas y abusivas. Has llegado a un punto en el que tu recuperación es lo más importante. Ya no tienes que pensar en lo que el narcisista te hizo. En vez de eso, necesitas trabajar en la construcción de tu yo auténtico para que puedas ahuyentar a cualquier otro narcisista que se te cruce en el camino. Llena tu cabeza con pensamientos de sanación y concéntrate en ti mismo por un tiempo mientras te estás sanando. Está bien que te pongas a ti mismo primero. Es importante en la recuperación que te trates lo mejor que puedas.

Ahora es el momento de trabajar en tu autoestima. Construyete en lugar de derribarte. Este es el momento en que necesitas eliminar todas las cosas negativas que el narcisista te dijo. Considera la posibilidad de aprender algunas técnicas de conexión a tierra o métodos de autorrelajación. Aunque estés en un punto bajo, recuerda que hay cosas que puedes hacer por ti mismo. Reemplaza las cosas negativas con las positivas en tu vida. Recuerda quién eras antes de conocer al narcisista. No has cambiado. Las cosas buenas te las sacaron a golpes con un implacable desprecio y abuso. Ahora es el momento de reencontrarse con las mejores partes de ti. Todavía están ahí. Y, a medida que sanes, crearás aún más buenas cualidades.

Hacer cosas que son sanadoras. No te límites a leer libros sobre sanación. En vez de eso, sal y conoce gente nueva que sea positiva. Haz actividades que te hagan sentir mejor contigo mismo. Prueba un nuevo pasatiempo que te ayudará a mantener tu mente alejada del narcisista. Preocuparse por si el narcisista está pensando en ti o se arrepiente de haberte perdido no es una actividad sanadora. Si tienes algo para ocupar tu mente, no tendrás tiempo para pensar en el narcisista. Hacer ejercicio y comer sano aumentará tu sanación a un nivel más alto. Al cuidar de tu cuerpo, podrás cuidar de tu mente.

Ponte en contacto con tu ser espiritual y encuentra la paz en la meditación. Al principio, puede ser difícil despejar tu mente de pensamientos negativos. De hecho, puede ser muy difícil sentarse y meditar por un período de tiempo determinado. Lo que necesitas hacer es empezar con un corto periodo de tiempo y aumentarlo cada día. La meditación te ayuda a ser consciente. Cuando eres consciente, vives en el presente y no en el futuro o en el pasado. Este es un paso muy importante en tu sanación. Vivir en el pasado te hará reforzar las cosas negativas que el narcisista diría y haría. Y, vivir en el futuro puede abrumarte. Por lo tanto, es mejor estar consciente y sentirte cómodo con tu ser actual.

Recuperarse de tu relación abusiva con un narcisista no es una tarea fácil, pero se convertirá en algo natural para ti después de un tiempo. Haz buenos hábitos, como estar consciente y ser positivo. Haz cosas que te refresquen y te hagan más fuerte. Aléjate de las personas que son negativas y hacen que te sientas mal contigo mismo. Esto podría significar que necesitas hacer nuevos amigos. Sé firme con tu familia y ayúdales a entender qué tipo de interacciones positivas pueden tener contigo.

Sobre todo, sé fiel a ti mismo. No hay nadie a quien tengas que complacer aparte de ti mismo. Deja que el narcisista sea parte de tu pasado y no parte de tu presente y futuro. Puede ser difícil para ti al principio, pero cada día te harás más fuerte. No dudes que te recuperarás y serás aún más fuerte y más auténtico como resultado de la sanación. Ten la seguridad de que tu futuro será brillante. Lo peor ha quedado atrás, y lo mejor es seguir adelante.

Una nota del autor:

¿Disfrutaste leyendo este libro? Por favor, ¡considera dejar una reseña para que pueda seguir publicando más contenido como este! Gracias por esta importante contribución. Recuerda también explorar los otros libros de esta serie de cuatro partes, "Empath Awakening", una guía útil para personas sensibles, "Toxic Magnetism", una exploración de la causa origen de la atracción hacia los narcisistas, y "Am I Codependent" (¿Soy codependiente?), un libro dedicado enteramente a la recuperación de la codependencia.

Referencias

Alternative Therapies for Depression. (n.d.). Obtenido https://my.clevelandclinic.org/health/treatments/9303-depression-alternative-therapies.

American Psychiatric Association. (2000). *Diagnostic and statistical manual of mental disorders* (4th ed., text rev.). Washington, DC: Autor.

American Psychiatric Association. (2013). *Diagnostic and statistical manual of mental disorders* (5th ed.). Washington, DC: Autor.

Audible Studios on Brilliance audio. (2017). *Becoming the Narcissists Nightmare How to Devalue and Discard the Narcissist While Supplying Yourself.*

Arabi, S. (2018, agosto 10). Research Finds That Narcissists Try To Remain Friends With Their Exes For Darker Reasons. Obtenido de https://blogs.psychcentral.com/recovering-narcissist/2018/08/research-finds-that-narcissists-try-to-remain-friends-with-their-exes-for-darker-reasons/[1].

Arabi, S. (2016). *Becoming the Narcissist Nightmare:*. SCW Archer Publishing.

---

1. https://blogs.psychcentral.com/recovering-narcissist/2018/08/research-finds-that-narcissists-try-to-remain-friends-with-their-exes-for-darker-reasons/

Bell, G. (2017, November 29). What it's like to meditate with depression. Retrieved from https://www.heT-PAace.com/blog/2017/11/04/meditating-with-depression/.

Cherry, K. (2019, Julio 15). How Behavioral Therapy Is Used in Psychology. Obtenido de https://www.verywellmind.com/what-is-behavioral-therapy-2795998.

Catalog, T. (2017, diciembre 18). How to heal from the toxic triangulation of narcissists. Obtenido de https://www.salon.com/2017/12/18/how-to-heal-from-the-toxic-triangulation-of-narcissists_partner/.

Esposito, L. (2015, Feb 6). Forget Co-Parenting with a Narcissist. Do This Instead. Obtenido de https://www.psychologytoday.com/us/blog/anxiety-zen/201502/forget-co-parenting-narcissist-do-instead.

Fritscher, L. (2018, mayo 14). How Individual Therapy Works. Obtenido de https://www.verywellmind.com/individual-therapy-2671605.

Galan, N. (2019, febrero 26). 8 herbs and supplements to help treat depression. Obtenido de https://www.medicalnewstoday.com/articles/314421.php.

Greenberg, E. (2018, Julio 28). How Do I Heal from Narcissistic Abuse? Obtenido de https://www.psychologytoday.com/us/blog/understanding-narcissism/201807/how-do-i-heal-narcissistic-abuse[2].

Herbal Medicine. (n.d.). Obtenido de https://www.hopkinsmedicine.org/health/wellness-and-prevention/herbal-medicine.

Hurd, S., Hurd, S., Sherrie, Hurd, S., Sherrie, Hansen, T., ... Fiona. (2019, mayo 1). 7 Things a Covert Narcissist Mother Does to Her Children. Obtenido de https://www.learning-mind.com/covert-narcissist-mother-signs/.

Kartha, D. (2018, junio 3). Narcissistic Rage. Obtenido de https://psychologenie.com/narcissistic-rage.

Kassel, G. (2019, enero 30). 11 Signs You're Dating a Narcissist - and How to Get Out. Obtenido de https://www.healthline.com/health/mental-health/am-i-dating-a-narcissist.

Krans, B. (2016, agosto 15). Using Yoga to Relieve the Symptoms of Depression. Obtenido de https://www.healthline.com/health/depression/yoga-therapy#pros-and-cons.

2. https://www.psychologytoday.com/us/blog/understanding-narcissism/201807/how-do-i-heal-narcissistic-abuse

Lamberg, E. (n.d.). 7 Ways to Deal with a Toxic Narcissist at Work. *Reader's Digest.* Obtenido de https://www.rd.com/advice/relationships/toxic-narcissist/.

Lancer, D. (2018, Feb 18). Daughters of Narcissistic Mothers. Obtenido https://www.psychologytoday.com/us/blog/toxic-relation-ships/201802/daughters-narcissistic-mothers[3].

McGreevey, S. (2019, septiembre 12). Eight weeks to a better brain. Obtenido de https://news.harvard.edu/gazette/story/2011/01/eight-weeks-to-a-better-brain/.

Narcissistic personality disorder. (2017, noviembre 18). Obtenido de https://www.mayoclinic.org/diseases-conditions/narcissistic-personality-disorder/symptoms-causes/syc-20366662.

Narcissists and the No Contact Rule. (n.d.). Obtenido de https://psychologia.co/narcissist-no-contact/

Never had a massage? What you should know. (2018, octubre 6). Obtenido de https://www.mayoclinic.org/healthy-lifestyle/stress-management/in-depth/massage/art-20045743.

3. https://www.psychologytoday.com/us/blog/toxic-relationships/201802/daughters-narcissistic-mothers

Orloff, J. (2018). *The empaths survival guide: life strategies for sensitive people.* Boulder, CO: Sounds True, Inc.

Phatak, R. (2018, marzo 26). Overt Vs. Covert Narcissism: A Quick Comparison. Obtenido de https://psychologenie.com/overt-vs-covert-narcissism[4].

Powell, W. (2016, Oct 1). 10 Key Ways To Avoid The Trap Of Dating A Narcissist. (2018, junio 24). Obtenido de https://thoughtcatalog.com/g00/wendy-powell/2016/10/10-key-ways-to-avoid-the-trap-of-dating-a-narcissist/?i10c.ua=1&i10c.encReferrer=aHR0cHM6Ly93d3cuZ29vZ2xlLmNvbvbS8=&i10c.dv=22.

Schimelpfening, N. (2019, septiembre 1). How to Decide Which Type of Therapy to Seek for Treating Depression. Obtenido de https://www.verywellmind.com/types-of-psychotherapy-for-depression-1067407.

---

4. https://psychologenie.com/overt-vs-covert-narcissism

Did you love *Abuso Invisible*? Then you should read *Atracción Tóxica: Cómo y Por Qué Los Empáticos Atraen a Los Narcisistas - La Guía de Supervivencia, Recuperación y Límites Para Personas Altamente Sensibles Que Se Sanan del Narcisismo*[5] by Kara Lawrence!

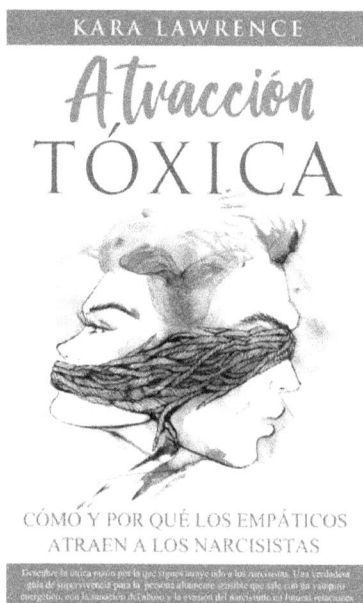

¿Estás atrapado en un agotador y repetitivo ciclo de malas relaciones que siempre resultan iguales, y sospechas que debe haber alguna causa de fondo que impulse tu atracción hacia las personas equivocadas, y ellas hacia ti?

¿Estás dando naturalmente y constantemente te encuentras siendo aprovechado por los tomadores crónicos?

5. https://books2read.com/u/mVwp6p

6. https://books2read.com/u/mVwp6p

¿Alguna vez has notado que atraes al mismo tipo de persona una y otra vez y te preguntas por qué? ¿Te gustaría entender los elementos que están impulsando esta atracción y alimentando este frustrante y tóxico ciclo? Si has respondido "sí" a alguna de estas preguntas, ¡sigue leyendo!

Esperar que una nueva relación resulte diferente a la anterior y luego decepcionarse no sólo por el mismo resultado, sino por llegar allí a través de los mismos patrones negativos familiares a lo largo del camino puede ser desalentador. Puede dejarte preguntándote si hay una forma de salir de este ciclo.

Claro que hay muchos libros que pretenden ayudarte a recuperarte después de que el daño de una relación tóxica ya está hecho, pero no hay ninguno que explore únicamente la raíz de la atracción que las personas sensibles y los narcisistas tienen entre sí, ¡*hasta ahora*!

Explora este innovador libro que finalmente descubre las razones por las que los empáticos y los narcisistas se sienten tan irresistiblemente atraídos el uno por el otro, y las formas en que, armado con la verdad, puedes **finalmente romper el ciclo** como lo han hecho otros y ¡evitar estas relaciones en el futuro para que finalmente puedas conocer a la persona para la que estás destinado!

Dentro, encontrarás:

El único rasgo de apariencia inofensiva que atrae a los narcisistas como polillas a las llamas15 señales de advertencia imprescindibles de conocer de una relación tóxicaLa verdadera razón por la que los empáticos a menudo se sienten obligados a "arreglar" parejas rotasLas 7 etapas inconfundibles de una relación tóxica (¡ve si se relacionan!)Cómo los vampiros energéticos y la codependencia pueden estar afectándote sin que sepasPor qué hacer cumplir tus propios límites puede cambiar completamente la dinámica de una relación¡Cómo las relaciones tóxicas están impidiendo que conozcas a la persona con la que estás destinado a estar, y la última herramienta para liberarse del ciclo para siempre!

Y mucho más...

Incluso con un historial de un kilómetro de relaciones tóxicas, insalubres e incluso abusivas, *hay* una forma de darse el poder de romper el ciclo y salir de la espiral en el que has estado. **Si finalmente estás listo para no tener que lidiar con otro callejón sin salida, una relación hiriente de nuevo, ¡ordena este libro hoy!**

Also by Kara Lawrence

Toxic Magnetism - How and Why Empaths attract Narcissists: The Survival, Recovery, and Boundaries Guide for Highly Sensitive People Healing from Narcissism and Narcissistic Relationship Abuse

Empath Awakening - How to Stop Absorbing Pain, Stress, and Negative Energy From Others and Start Healing: A Beginner's Survival Guide for Highly Sensitive and Empathic People

Am I Codependent? And What Do I Do About it? - Relationship Codependence Recovery, How to Stop Controlling, Facing a Narcissist as an Empath or Highly Sensitive Person, and Setting Boundaries

Invisible Abuse - Instantly Spot the Covert Deception and Manipulation Tactics of Narcissists, Effortlessly Defend From and Disarm Them, and Effectively Recover: Deep Relationship Healing and Recovery

El Despertar Del Empático - Cómo Dejar de Absorber el Dolor, Estrés, Energía Negativa de Otros y Comenzar a Sanar: Una Guía de Supervivencia Para Principiantes Para Personas Altamente Sensibles

¿Soy Codependiente? Y ¿Qué Hago Al Respecto? - Recuperación de la Codependencia en Las Relaciones, Cómo Dejar

de Controlar, Enfrentarse a Un Narcisista Como Un Empático o Una Persona Muy Sensible

Abuso Invisible

Atracción Tóxica: Cómo y Por Qué Los Empáticos Atraen a
Los Narcisistas - La Guía de Supervivencia, Recuperación y
Límites Para Personas Altamente Sensibles Que Se Sanan del
Narcisismo

www.ingramcontent.com/pod-product-compliance
Lightning Source LLC
Chambersburg PA
CBHW022059020426
42335CB00012B/753

* 9 7 8 1 9 5 1 7 4 5 0 8 0 *